识干家

企業閱讀　學以致用

ISO14001

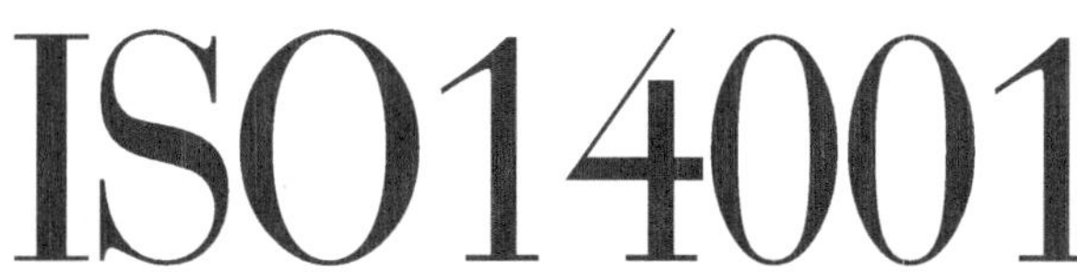

2015新版环境管理体系详解与案例文件汇编

谭洪华◎著

中华工商联合出版社

图书在版编目（CIP）数据

ISO14001：2015 新版环境管理体系详解与案例文件汇编／谭洪华著．—北京：中华工商联合出版社，2016.4

ISBN 978-7-5158-1617-3

Ⅰ.①I… Ⅱ.①谭… Ⅲ.①环境管理－体系－国际标准－研究 Ⅳ.①X32－65

中国版本图书馆 CIP 数据核字（2016）第 041936 号

ISO14001：2015 新版环境管理体系详解与案例文件汇编

作　　者：谭洪华
责任编辑：于建廷　臧赞杰
责任审读：郭敬梅
封面设计：久品轩
责任印制：迈致红
出版发行：中华工商联合出版社有限责任公司
印　　刷：北京鑫益晖印刷有限公司
版　　次：2016 年 8 月第 1 版
印　　次：2016 年 8 月第 1 次印刷
开　　本：710mm×1000mm　1/16
字　　数：200 千字
印　　张：13
书　　号：ISBN 978-7-5158-1617-3
定　　价：58.00 元

服务热线：010－58301130
团购热线：010－58302813
地址邮编：北京市西城区西环广场 A 座
19－20 层，100044
http：//www.chgslcbs.cn
E-mail：cicap1202@sina.com（营销中心）
E-mail：gslzbs@sina.com（总编室）

博瑞森图书：企业阅读　本土实践

亲爱的读者朋友：

也许您是博瑞森图书的老读者，也许是新朋友，欢迎您阅读博瑞森图书！

当今中国，各行各业都存在着转型升级的压力与机遇。博瑞森图书与您一同应对转型挑战并发现其带来的机遇。

我们一直在问：什么样的书能为您解决管理难题并带来启发？

我们一直在找：哪些作品能帮助企业从跟随到领先？

我们一直在做：把最好的作品以最便捷的方式呈现给您，纸质版、电子版、书摘邮件、微信……

我们策划图书的原则是：

- 企业阅读——与您一样，做水中的游泳者，而非岸上的观众或教练，企业的困惑就是我们的任务。
- 本土实践——与您一样，立足本土环境，追求卓越实践，传播最适合当下中国企业的管理之道。

我们也向所有的企业管理者、管理咨询专家和企业研究者征稿，让更多被实践检验的好思想、好方法迸发出来，为企业助力！（bookgood@126.com 或 QQ：1963328416 或手机号 13611149991，绝非“自费出书”，不向作者收取任何费用）

如果有一天，您把博瑞森图书视为您优秀的事业伙伴、管理助手，我们也就实现了自己的梦想。

博瑞森图书

凡购买本书的读者，都将免费获赠本书精华电子版+书币，请登录博瑞森管理图书网，输入刮刮卡号码，即可下载电子版、领取书币。

新推出的 ISO14001：2015 版，结构与 ISO9001 一样，可更好地与 ISO9001 结合，降低了双体系认证的难度。

推行 ISO14001 的目的不是让企业拿一个证书，而是要真正起到节能减排的作用，这对企业、对国家、对整个人类都是有福报的事情。企业内部节能，降低了成本，将有更多的利润，在与同行竞争中也更有优势。减排，降低了企业对周边居民的影响，增强了与社区的良好关系，“天时地利人和”，创造了更好的发展环境。企业遵守环保法律法规与客户要求，降低了触犯法律的风险，为企业的生存与发展创造了和谐环境。

我们从更高的高度来讲，企业推行 ISO14001，遵守法律，保护人类生存的环境，让员工觉知企业良知，从而唤醒员工良知，才能使员工以企业为家，做好每个产品，服务好每家客户。企业只有调动起了员工，才能有市场竞争的资本。

广东中欧企业管理研究所是从事企业管理咨询、企业管理培训的专业机构。我们凭着良知，服务好每家客户，不断更新辅导模式，帮助企业成长，得到了全国客户的高度认可。我们的咨询产品，不追求“高大上”，都是接地气的。我们的目的是让专业知识平民化，所以，你们看了我们编写的教材，很快就能掌握管理体系认证，了解精髓，掌握要求，并灵活运用到工作中去。

谭洪华

一 ISO14001 产生背景及标准改版计划

（一） 标准版改版的背景

18 世纪兴起的工业革命，曾经带给人类无限希望和欣喜。工业化兴起、城市化发展、科学技术的进步使人类的生活水平得到飞速提高，使人类文明进入一个新的高度。

然而，工业革命给人类带来的不仅是欣喜，还有很多意想不到的后果，甚至埋下了人类生存和发展的潜在威胁，如图 1－1 所示。

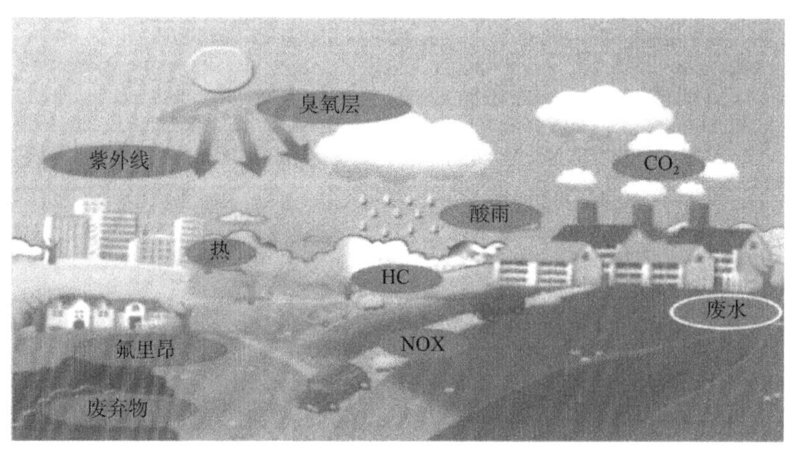

图 1－1　面临的环境问题

导致的结果有：

（1）自然环境的恶化，如污染，生物多样性的减少。

（2）相关方环境意识的提高，如顾客、投资者、员工、政府部门、邻居。

（3）可持续发展的需要。

环境管理发展的必然趋势如图 1－2 所示：

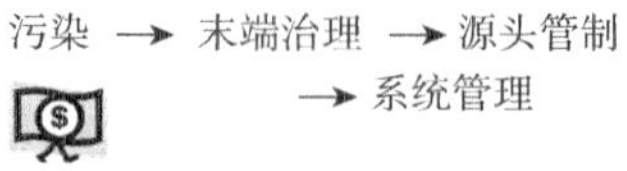

图1-2　环境管理发展的必然趋势

（二）为什么要推行ISO14001

（1）帮助企业主动识别各种实际或潜在的环境风险；

（2）科学地评估该风险的高低和确定控制的优先级别；

（3）系统地采取措施对该风险进行全面的控制与管理；

（4）持续改进过程的环境绩效；

（5）降低相关的环境风险；

（6）满足组织或相关方对环境的期望和要求。

（三）ISO14001的好处

（1）满足直接客户、间接客户的业务评估要求，提升客户信心；

（2）有利于企业参与国际竞争，突破贸易壁垒；

（3）作为自身内部管理的手段，提高环境管理的绩效，减少废气、废水、噪音、危险废弃物的排放，提高能源、资源的使用效率，降低企业的生产成本，提升企业的竞争力；

（4）通过实施EMS（公司环境管理体系），可以持续满足企业有关的环保法律法规要求，规避或降低违法的风险，实现可持续发展，提升企业环保的社会形象，赢得客户、政府、工业区、员工的青睐和认可。

（四） ISO14001 改版的目的

（1）在接下来的 10 年或更长时间里，提供一套稳定的、精炼的要求。

（2）维持关注有效过程管理，获得期望的结果。

（3）考虑自从 2004 版的变化后，环境管理体系实际操作及技术层面的变化。

（4）应用 ISO 指令附录 SL（管理体系标准的标准模板），加强 ISO14001 标准跟其他 ISO 管理体系标准的一致性。

（5）方便有效实施，及一方、二方、三方有效的符合性评审。

（6）使用简练的语言及书写形式以便于对标准要求的理解、解释达成一致。

（五） 标准改版计划

（1）2012 年 12 月：ISO14001：2015（CD 版）征求意见和投票表决。

（2）2014 年 5 月：ISO/TC 207/SC WG5 对 ISO/CD 14001.2（委员会草案）作最后意见决议和定稿，以便过渡到 ISO14001：2015（DIS 版，国际标准草案）。

（3）2014 年 6 月：为 ISO14001（DIS 版）文件做最后准备。

（4）2014 年 7 月 -8 月：ISO 启动 ISO14001（DIS 版）过程。

（5）2014 年 9 月 -12 月：ISO14001（DIS 版）三个月投票期。

（6）2014 年 12 月：揭晓 ISO14001（DIS 版）投票结果，进行意见交流。

（7）2015 年 3 月：ISO 启动 ISO14001：2015（FDIS 版，国际标准最

终草案）过程。

（8）2015 年 7 月：ISO14001：2015（FDIS 版）发布。

（9）2015 年 9 月：ISO14001：2015 标准发布。

跟 IAF（国际认可论坛）密切联络，确定标准转换时间，目前，暂定 2016 年 8 月后才可正式新版认证。

二 新标准的重大改变

（1）引入了“风险”的概念。

（2）范围：环境管理体系的范围被扩展，包括了对组织的外部影响。

（3）术语及定义：这部分内容将会参照附录 SL 中概述的通用术语和核心定义，以及针对环境管理体系的专业表述。

（4）组织环境：这个条款包括理解组织内外部问题所涉及的要求，以及利益相关方的需求和期望。

（5）领导作用：加强高层管理者的领导作用和承诺，在组织的商业策略中贯彻环境管理体系的要求，以确保环境管理体系获得其预期成果。

（6）政策：政策承诺已被拓展，包括支持环境保护。

（7）环境因素：本条款从生命周期角度来评估环境因素。

（8）环境目标：委员会草案要求要为每个环境目标划定明确的绩效指标。

（9）价值链规划和控制：此新条款要求对重要方面的上下游过程进行控制或影响。

（10）符合性评估：委员会草案强调引入符合组织需要的要求以巩固评估过程，保持相关知识和了解其符合情况。

这次改版的主要特点：

（1）“一变”

ISO14001：2015 在结构上发生了重大变化，采用了统一的管理体系高阶结构，仍然采用 PDCA 的管理思想。

（2）“ 二减”

• 删减“管理者代表”的强制要求。管理者代表不是必须要有，可有可无。

• 删除了“预防措施”。

（3）“六加”

• 增加组织背景分析要求。

对组织背景进行分析，确保体系符合组织实际。

- 增加风险管理要求。本次修订的最大亮点！

风险管理思想和原则贯穿整个标准，极具前瞻性。

- 增加生命周期管理。

生命周期管理是个很前沿的管理思想，这次纳入了。

- 增加对外部供应过程的环境管理。
- 增加环境领导职责和承诺。

增加一个章节突显环境的领导职责和承诺。

- 增加环境绩效评估内容。

增加绩效评估要求。

三

新标准条款结构

环境管理体系要求及使用指南：

（1）范围。

（2）规范性引用文件。

（3）术语和定义。

（4）组织的状况。

（5）领导作用。

（6）策划。

（7）支持活动。

（8）运行。

（9）绩效评价。

（10）改进，如表3－1所示。

表3－1　ISO14001：2015的改进

ISO14001：2015	ISO14001：2004
1. Scope（范围）	1. Scope（范围）
2. Normative references（引用标准）	2. Normative references（引用标准）
3. Terms and definitions（术语和定义）	3. Terms and definitions（术语和定义）
4. Context of the organization（组织状况）	4. Environmental Management System（环境管理体系）
5. Leadership（领导作用）	
6. Planning（策划）	
7. Support（支持）	
8. Operation（运行）	
9. Performance evaluation（绩效评估）	
10. Improvement（改进）	

四 ISO14001：2015主要条款解读及运用指南

（一）范围

本标准规定了组织能够用来提升其环境绩效的环境管理体系要求。本标准可供寻求以系统的方式管理其环境责任的组织使用，从而为可持续发展的“环境支柱”做出贡献。

本标准可帮助组织实现其环境管理体系的预期结果，这些结果将为环境、组织自身和相关方带来价值。与组织的环境方针保持一致的环境管理体系预期结果包括：①提升环境绩效；②履行合规义务；③实现环境目标。

本标准适用于任何规模、类型和性质的组织，并适用于组织基于生命周期观点确定的其能够控制或能够施加影响的活动、产品和服务。本标准未提出具体的环境绩效准则。

本标准能够全部或部分地用于系统改进环境管理。但是，只有本标准的所有要求都被包含在了组织的环境管理体系中且全部得以满足，组织才能声明符合本标准。

【理解】

这一章变化不大。新标准增加了风险管理和生命周期管理的要求，要求针对环境因素，识别环境目标风险，控制风险，减少风险。风险管理贯穿新标准整个内容。

（二）引用标准

无规范性引用文件。

（三）术语和定义

下列术语和定义适用于本标准。（注：只摘录新增加的术语，条款号沿用国标代号）

3.2.10　风险　risk

不确定性的影响。

注1：影响指对预期的偏离——正面的或负面的。

注2：不确定性是对某一事件、其后果或其可能性缺乏（包括部分缺乏）信息、理解或知识的状态。

注3：风险通常被描述为潜在“事件”（见GB/T23694中的4.5.1.3）与“后果”（见GB/T23694中的4.6.1.3），或两者的结合。

注4：风险通常以事件后果（包括环境的变化）与相关的事件发生的“可能性”（见GB/T23694中的4.6.1.1）的组合来表示。

3.2.11　风险和机遇　risks and opportunities

潜在的有害影响（威胁）和潜在的有益影响（机会）。

3.3.1　能力　competence

运用知识和技能实现预期结果的本领。

3.3.2　文件化信息　documented information

组织（3.1.4）需要控制并保持的信息，以及承载信息的载体。

注1：文件化信息可能以任何形式和承载载体存在，并可能来自任何来源。

注2：文件化信息可能涉及：环境管理体系（3.1.2），包括相关过程（3.3.5）；为组织运行而创建的信息（可能被称为文件）；实现结果的证据（可能被称为记录）。

3.3.3 生命周期 life cycle

产品（或服务）系统中前后衔接的一系列阶段，从自然界或从自然资源中获取原材料，直至最终处置。

注：生命周期阶段包括原材料获取、设计、生产、运输和（或）交付、使用、寿命结束后处理和最终处置。

3.3.4 外包 outsource

安排外部组织（3.1.4）执行组织的部分职能或过程（3.3.5）。

注：尽管外包的职能或过程在管理体系（3.1.1）范围之内，但外部组织不在管理体系覆盖范围内。

3.4.6 有效性 effectiveness

实现策划的活动并取得策划的结果的程度。

3.4.7 参数 indicator

对运行、管理或状况的条件或状态的可度量的表述。

（来源：ISO 14031 中的 3.15）

3.4.8 监视 monitoring

确定体系、过程（3.3.5）或活动的状态

注：为了确定状态，可能需要实施检查、监督或认真地观察。

3.4.9 测量 measurement

确定数值的过程（3.3.5）。

3.4.10 绩效 performance

可度量的结果。

注 1：绩效可能与定量或定性的发现有关。

注 2：绩效可能与活动、过程（3.3.5）、产品（包括服务）、体系或组织（3.1.4）的管理有关。

3.4.11 环境绩效 environmental performance

与环境因素（3.2.2）的管理有关的绩效（3.4.10）。

注 1：对于一个环境管理体系（3.1.2），可能依据组织（3.1.4）的环境方针（3.1.3）、环境目标（3.2.6）或其他准则，运用参数（3.4.7）来测量结果。

3.4.12　合规义务　compliance obligations（首选的术语）

法律法规和其他要求 legal requirements and other requirements（被承认的术语）组织（3.1.4）必须遵守的法律法规要求（3.2.8），以及组织必须遵守或选择遵守的其他要求。

注 1：合规义务是与环境管理体系（3.1.2）相关的。

注 2：合规义务可能来自于强制性要求，例如，适用的法律和法规，或来自于自愿性承诺，如组织的和行业的标准、合同规定、操作规程、与社团或非政府组织间的协议。

【理解】

增加了一些新名称，如过程管理、风险、生命周期管理等。

（四）组织的环境

4.1　理解组织及其环境

组织应确定与其宗旨、意图相关的并影响其达成环境管理体系预期结果能力的内部和外部事宜。这些事宜包括能影响或受组织影响的活动、产品和服务的环境条件。

4.2　理解相关方的需求和期望

组织应确定：

（1）环境管理体系涉及的相关方；

（2）这些相关方的有关需求和期望（如要求）；

（3）这些需求和期望成为合规性责任。

【理解】

1. 这两个条款是新增加的要求，在老标准中是没有的。

2. 在策划环境管理体系时，先要进行诊断，了解客户、政府机关、社会团体、周边社区对环境的要求及组织的环境现状。了解清楚后再进行环境体系的策划，需要编写哪些文件，哪些地方需要整改，哪些环境因素需要监测等。这里要形成环境诊断报告，具体如表 4 – 1 所示。

表 4 – 1 东莞××电子有限公司 ISO14001 推行初步诊断报告

（整改工程项目及预算）

问题描述	不符合项	改善建项	参考费用	备注
1. 厨房洗餐具产生的油未做过滤即排入下水道	水污染	1. 建一标准滤油池，先滤除油及杂物后再排入下水道 2. 厨房排水道与洗碗台排水道须汇整在一起，以方便滤油池的施工及污水排放	约人民币 10000 元	请找施工单位做细部估价
2. 厨房烧煮（用柴油）排放之火烟，超过国家排放标准	空气污染	1. 装设水洗塔之设施 2. 水洗塔之污水，另接管路定期排入化粪池内	委外施工约人民币 35000 元 ~ 50000 元	请找环保工程公司洽议
3. 修理、机具加工及维护之废布、废电瓶、废电池、废日光灯管、废碳盒墨盒、修正液空瓶、含重金属废品等污染性废弃物未加以管制，作为一般废弃物处理，将造成土地污染。	毒物管制土污染	1. 列为污染性物质交合格污染性废弃物处理商处理（须有详细数量与污染性废弃物转移五联单记录） 2. 严格控制污染性废弃物的产生、分类、存放与储存	贵公司以最低基本回收量计费，市场价格约人民币 10000 元 ~ 12000 元	请找合格处理商洽议

续表

问题描述	不符合项	改善建项	参考费用	备注
4. 厂内垃圾未作分类管理	废弃物管制	垃圾可区分为一般垃圾、有害废弃物及可回收垃圾进行管理	增加之垃圾桶或相关设施约人民币1000元	

总结评价：

ISO14001体系推行，旨在“控制污染”及“有效利用资源”，具体的管制方向包括空气、水、废弃物、有毒物质、噪音、直接人员安全与资源有效利用七大方向。除上述问题点敦请贵公司应重点加强改善外，其余不符合（如环境管理系统文件等）皆能在敝司辅导推行中建立、维持符合要求的环境管理体系，通过贵公司所选择的国际权威合法机构之认证。

除整改工程及顾问辅导费用外，贵公司通过ISO14001认证尚有以下费用（仅供参考，具体费用依相关机构报价为准）：环境监测费用约1500元~2000元。

备注：（1）请调阅贵司之《建设项目环境影响评估报告》以为公司进行工程整改及环境检测之依据。

（2）搜集贵司之下水道管路图、消防管路图及各车间之平面图。

4.3　确定环境管理体系范围

组织应确定环境管理体系的边界和适用范围以建立其范围。

当确定这个范围时，组织应考虑：

（1）（2015版）4.1中所提的外部和内部事宜。

（2）（2015版）4.2中所指的合规性责任。

（3）组织单元、职能及物理边界。

（4）它的活动、产品和服务。

（5）权限和其实施控制及影响的能力。

一旦界定出范围，在该 EMS 范围之内的具有重要环境影响的活动、产品和服务应包含在此 EMS 范围内。这个范围应以文件形式予以维持，并为相关方所获取。

【理解】

1. 这些条款与2004 版4.1 条款要求一样，要明确环境体系的范围与边界。

例如，环境管理体系覆盖的范围：五冲冲压制品的生产，销售相关活动及管理活动；地点：东莞市樟木头镇××村××工业区××路××号，包括食堂与宿舍。

2. 体系范围要文件化。

3. 要提供的证据：在纲领性文件中明确认证的范围。

4. 易失控点：认证范围不明确，没有说明具体地点，如什么路、多少号，只有生产活动没说明还有相关服务与管理活动，如送货、装修、清洁等。

4.4 环境管理体系

为实现组织的预期结果，包括提高其环境绩效，组织应根据本标准的要求建立、实施、保持并持续改进环境管理体系，包括所需的过程及其相互作用。

组织建立并保持环境管理体系时，应考虑4.1 和4.2 获得的知识。

【理解】

这一条款对应2004 版4.1 条款，没有强制要求文件化。

（五） 领导作用

5.1 领导作用和承诺

最高管理者应证实其在环境管理体系方面的领导作用和承诺，通过：

（1）对环境管理体系的有效性负责。

（2）确保建立环境方针和环境目标，并确保其与组织的战略方向及所处的环境相一致。

（3）确保将环境管理体系要求融入组织的业务过程。

（4）确保可获得环境管理体系所需的资源。

（5）就有效环境管理的重要性和符合环境管理体系要求的重要性进行沟通。

（6）确保环境管理体系实现其预期结果。

（7）指导并支持员工对环境管理体系的有效性做出贡献。

（8）促进持续改进。

（9）支持其他相关管理人员在其职责范围内证实其领导作用。

注：本标准所提及的“业务”可从广义上理解为涉及组织存在目的的那些核心活动。

【理解】

1. 新增条款，2004 版本没有。

2. 这个条款描述与 ISO9001：2015 质量管理体系一致，是观念性的东西，强调领导作用。没有领导的理解、支持、角色的认知，资源提供，环境管理是做不好的。

5.2　环境方针

最高管理者应在确定的环境管理体系范围内建立、实施并保持环境方针，环境方针应：

（1）适合于组织的宗旨和组织所处的环境，包括其活动、产品和服务的性质、规模和环境影响。

（2）为制订环境目标提供框架。

（3）包括保护环境的承诺，其中包含污染预防及其他与组织所处环境有关的特定承诺。

注：保护环境的其他特定承诺可包括资源的可持续利用、减缓和适应气候变化、保护生物多样性和生态系统。

（4）包括履行其合规义务的承诺。

（5）包括持续改进环境管理体系以提高环境绩效的承诺。

环境方针应：①保持文件化信息；②在组织内得到沟通；③可为相关方获取。

【理解】

1. 与 2004 版本 4.2 环境方针意思一样。

2. 新标准要求形成文件，老标准没这个要求。

3. 环境方针要体现组织与产品特点、污染预防、可持续发展承诺。

4. 环境方针要为公众所获取，组织内部要进行交流，交流会影响到本组织环境活动相关人员，如快递公司人员、供应商送货人员、承包商装修施工人员等。

环境方针案例：

1. 客户满意守法规，持续改善零缺失

提高客户满意度，切实遵守各项适用法规，透过稽核制度、管理审查等方式，不断审视自我，进而持续改善。

2. 绿色产品防污染，有害物质做管制

以遵守法规为基础，融入绿色设计绿色生产的概念，有效预防环境污染，并对环境有害物质进行减量及管控动作。

3. 全员教育凝共识，维护工厂好机制

强化全员教育，凝聚员工质量及环安意识，透过流程源头管理、节能减费及安全促进活动，提升管理绩效。

5. 要提供的证据：在纲领性文件中明确环境方针及含义。

6. 易失控点：环境方针没有公告出来，周边居民不易获取；没有公布在公司网站，相关单位不易获取。

5.3 组织的作用、职责和权限

最高管理者应确保在组织内部分配并沟通相关岗位的职责和权限。

最高管理者应对下列事项分配职责和权限：

（1）确保环境管理体系符合本标准的要求。

（2）向最高管理者报告环境管理体系的绩效，包括环境绩效。

【理解】

1. 等同于2004版本4.4.1，但2015版本对职责、权限没有要求形成文件，但交流是必须的，可做成广告牌张贴在企业内部员工易看到的地方，或做成各种形式的文件发行。

2. 管理代表不要任命，与ISO9001：2015同。

3. 提供的证据：

- 部门职责与岗位职责，可书面档或电子档，或其他形式。
- 标准条款与部门职责对照表，如表4－2所示。

表4－2 标准条款与部门职责对照表

部门环境安全管理要项	总经理	总务课	制造课	购买课	营业课	品管课	资材课	其他单位
4.1 理解组织及其环境	●							
4.2 理解相关方的需求和期望	●							
4.3 确定环境管理体系范围	●							
4.4 环境管理体系	●							
5.1 领导作用和承诺	●							
5.2 环境方针	●							
5.3 组织的作用、职责和权限	●							
6.1 策划应对威胁和机遇相关风险的措施		●						

续表

部门环境安全管理要项	总经理	总务课	制造课	购买课	营业课	品管课	资材课	其他单位
6.1.1 总则		●						
6.1.2 重要环境因素		●						
6.1.3 合规性责任		●						
6.1.4 威胁与机遇相关风险		●						
6.1.5 策划应对措施		●						
6.2 策划达成环境目标		●						
6.2.1 环境目标		●						
6.2.2 策划实现环境目标的措施		●						
7.1 资源	●							
7.2 能力		●						

4. 易失控点：岗位职责没有说明环境要求。

（六）策划

6.1　应对风险和机遇的措施

6.1.1　总则

组织应建立、实施并保持满足（2015 版）6.1.1 至 6.1.4 要求所需的过程。

策划环境管理体系时，组织应考虑：

- （2015 版）4.1 所提及的问题。
- （2015 版）4.2 所提及的要求。
- 其环境管理体系的范围。

并且应确定与环境因素、合规义务、（2015 版）4.1 和 4.2 中识别的其他问题和要求相关的需要应对的风险和机遇，以确保环境管理体系能够实现其预期结果；预防或减少不期望的影响，包括外部环境状况对组织的潜在影响；实现持续改进。

组织应确定其环境管理体系范围内的潜在紧急情况，特别是那些可能具有环境影响的潜在紧急情况。

组织应保持：

- 需要应对的风险和机遇的文件化信息。
- （2015版）6.1.1至6.1.4中所需过程的文件化信息，其程度应足以确信这些过程按策划实施。

【理解】

1. 策划的文件化信息要保留下来，可以是电子档的，也可是纸质的。

2. 策划环境管理体系时，要考虑公司内外环境状况、行业特点、相关方要求。

3. 策划要识别的内容：

- 环境管理的风险与机遇，如产品环保不达标导致的巨额罚款，影响公司生存，环境管理失控导致与当地社区与政府关系紧张等。
- 环境因素及其影响。
- 法律法规与相关方要求。

其中环境管理的风险与机遇是新增要求，主要是战略性的环境管理，考虑单位的长期生存、社会声誉等，如环境问题导致群体性事件。

4. 要提供的证据：战略环境管理风险与机遇清单，环境因素清单，环境相关法律法规与相关方要求清单。

6.1.2 环境因素

组织应在所界定的环境管理体系范围内，确定其活动、产品和服务中能够控制和能够施加影响的环境因素及其相关的环境影响，此时应考虑生命周期观点。

确定环境因素时，组织必须考虑：

● 变更，包括已纳入计划的或新的开发，以及新的或修改的活动、产品和服务；

● 异常状况和可合理预见的紧急情况。

组织应运用所建立的准则，确定哪些是具有或可能具有重大环境影响的环境因素，即重要环境因素。

适当时，组织应在其各层次和职能间沟通其重要环境因素。

组织应保持以下内容的文件化信息：

● 环境因素及相关环境影响。

● 用于确定其重要环境因素的准则。

● 重要环境因素。

注：重要环境因素可能导致与有害环境影响（威胁）或有益环境影响（机会）相关的风险和机遇。

【理解】

1. 针对环境因素评价准则、环境因素、环境影响及重要环境因素，要形成文件化信息。

2. 环境因素识别包括公司所有活动、产品环境影响，公司能够控制或施加影响的活动，如供方送货、纳入计划的活动或产品影响、计划近期装修。异常或紧急情况下的环境因素，如火灾、设备故障等。

3. 重要环境因素要与相关人员沟通，如供应商、承包商、焊锡作业员、电工、污水处理工等。

4. 要提供的证据：环境因素汇总评价表（如表 4 – 3 所示），重要环境因素清单。

5. 易失控点：环境因素有漏，没有考虑生命周期导致的环境因素，如产品报废、近期工作扩建、快递公司送货等。

表4－3　环境因素汇总评价表

项次	活动、产品、服务	单位	环境因素	环境影响	评估结果							备注
					F3	C4	W3	S4	T4	M4	分值	
1	日常办公	各部门	办公用笔的废弃	土壤污染	9	4	3	0	4	0	20	
2		各部门	涂改液瓶废弃	土壤污染	9	4	3	14	4	0	34	
3		各部门	钉书机废弃	土壤污染	6	4	3	0	4	0	17	
4		各部门	墨水盒废弃	土壤污染	9	4	6	0	4	0	23	
5		各部门	废灯管废弃	土壤污染	9	4	6	0	4	0	23	
6		各部门	旧计算器废弃	土壤污染	6	4	3	0	4	0	17	
7		各部门	旧电话废弃	土壤污染	6	4	3	0	4	0	17	
8		各部门	旧报纸废弃	土壤污染	9	4	6	0	4	0	23	
9		各部门	一次性纸杯使用	资源消耗	15	4	3	0	4	0	26	
10		各部门	一次性纸杯废弃	土壤污染	15	4	3	0	4	0	26	
11		各部门	白板笔的废弃	土壤污染	14	4	3	14	4	0	39	
12		各部门	办公用笔的使用	能源消耗	15	4	3	0	4	0	26	
13	空调运行	各部门	电的消耗	能源消耗	15	4	6	8	8	0	41	重要
14			水排放	水污染	3	4	12	8	12	0	39	
15	电脑使用	各部门	电的消耗	能源消耗	15	4	3	0	4	0	26	
16			辐射产生	能量释放	15	4	3	4	8	0	34	
17	打印机/复印机工作	各部门	纸张消耗	资源消耗	15	4	3	0	4	0	26	
18		各部门	碳粉消耗	资源消耗	9	4	3	0	4	0	20	
19		各部门	打印机色带废弃	土壤污染	9	4	3	0	4	0	20	
20	资料管理	各部门	过期资料废弃	土壤污染	6	4	3	0	4	0	17	
21		各部门	印泥使用	资源消耗	12	4	3	0	4	0	23	
22		各部门	印泥废弃	土壤污染	6	4	3	16	8	0	37	

续表

项次	活动、产品、服务	单位	环境因素	环境影响	评估结果							备注
					F3	C4	W3	S4	T4	M4	分值	
23	办公室/车间清洁	各部门	水的使用	资源消耗	9	4	3	16	4	0	36	
24		各部门	污水排放	水污染	8	4	8	8	8	0	36	
25		各部门	清扫、扬尘	大气污染	15	4	3	0	4	0	26	
26		仓库/生产部	化学品包装废弃	土壤污染	6	4	3	20	4	0	37	
27		各部门	清扫工具废弃	土壤污染	9	4	3	0	4	0	20	
28	消防演练	人事行政部	废气产生	土壤污染	6	4	3	0	4	0	17	
29	不环保品采购	采购	固体废气物产生	土壤污染	6	4	3	0	4	0	17	
30			不环保品使用	影响身体	6	4	3	0	4	0	17	
31	检验试验	品管	电的使用	资源能源	15	4	6	8	8	0	41	重要
32	设备维护保养	设备部生产部	噪音产生	影响身体	15	4	3	0	4	0	26	
33			含油抹布废弃	土壤污染	15	4	3	0	4	0	26	
34			润滑油容器废弃	土壤污染	12	4	3	0	4	0	23	
35	生产设备运行	设备部生产部	电的使用	资源能源	15	4	6	8	8	0	41	重要
36	生产设备/空压机运行	设备部生产部	漏油	土壤污染	6	4	3	0	4	0	17	
37			噪音产生	影响身体	15	4	6	8	8	0	41	重要
38			固废产生	固体废物	3	4	6	20	4	0	37	
39	保安工作	人事行政部	使用电池	固体废物	3	4	3	12	4	0	26	
40	空调维护	各部门	零配件更换	资源能源	6	4	3	0	4	0	17	
41	部品存放	生管部生产部	零配件废弃	土壤污染	6	4	3	0	4	0	17	
42			火灾产生	大气污染	6	4	12	16	4	0	42	重要
43	酒精存放/泄漏	生产部	火灾产生	大气污染	6	4	12	16	4	0	42	重要
44			危险废物产生	固体废物	6	4	6	4	4	0	24	
45			资源浪费	资源能源	6	4	6	4	4	0	24	

续表

项次	活动、产品、服务	单位	环境因素	环境影响	评估结果							备注
					F3	C4	W3	S4	T4	M4	分值	
46	清洁	人事行政部	水的使用	资源消耗	12	4	6	4	8	0	34	
47			清洗剂/工具的使用	资源消耗	3	4	6	8	8	0	29	
48	清洁	人事行政部	污水的产生	水体污染	3	4	6	8	8	0	29	
49			清洗工具废弃	固体废物	3	4	6	8	8	0	29	
50			废物废弃	固体废物	3	4	6	8	8	0	29	
51	机器保养/修养	设备部生产部	含油抹布产生	固体废物	3	4	6	8	8	0	29	
52			电、手套的使用	资源消耗	3	4	6	8	8	0	29	
53			手套废弃	固体废物	3	4	6	8	8	0	29	
54	模具治具安装	设备部生产部	电、手套的使用	资源消耗	3	4	6	8	8	0	29	
55	模具治具报废	设备部生产部	废物产生	固体废物	3	4	6	8	8	0	29	
56	不良品报废	生管部品管部	废物产生	固体废物	3	4	6	8	8	0	29	

F代表频率，最高分3分。

C可控制性，最高分4分。

W影响范围，最高分3分。

S严重程度，最高分4分。

T环境后果持续时间，最高分4分。

M指加权分，是否影响到公司在社会上的声誉，最高分4分。

6.1.3 合规义务

组织应：

- 确定并获取与其环境因素有关的合规义务；
- 确定如何将这些合规义务应用于组织；

●在建立、实施、保持和持续改进其环境管理体系时必须考虑这些合规义务。

组织应保持其合规义务的文件化信息。

注：合规义务可能会给组织带来风险和机遇。

【理解】

1. 这是新版增加的要求，可与2004版本4.3.2. 法律法规和其他要求相对应。识别出的合规性责任要与本公司环境因素相对应，并形成文件化信息。

2. 合规性责任包括法律法规及相关方要求，注意要是最新版本法律法规、机关和社会团队要求、客户要求。合规性责任包括客户的环保要求。

3. 要提供的证据：法律法规与相关方要求清单，如表4－4所示。

4. 易失控点：漏了客户的环保要求，漏了当地政府环境要求。

表4－4 法律法规相关方要求清单

（时间单位：年月日）

序号	法律法规名称	发布单位	实施日期	登录日期
1	《中华人民共和国环境保护法》	全国人大常委会	1989.12.26	2010.1.5
2	《排放污染物申报登记管理规定》	国家环保局	1992.8.14	2010.1.5
3	《环境统计管理暂行办法》	国家环保局	1995.6.15	2010.1.5
4	《关于在非必要场所停止再配置哈龙灭火器的通知》	国家环保局	1994	2010.1.5
5	《广东省排放污染物许可证管理办法（执行）》	广东省环保局	1997.8	2010.1.5
6	《建设项目环境保护管理条例》	东莞	1999.11.18	2010.1.5
7	《相关方加强外商投资建设项目环境保护管理的通知》	国家环保局	1992.3.14	2010.1.5

续表

序号	法律法规名称	发布单位	实施日期	登录日期
8	《广东省建设项目环境保护管理条例》	广东省环保局	1994. 9. 1	2010. 1. 5
9	《中华人民共和国水污染防治法》	全国人大常委会	2008. 6. 1	2010. 1. 5
10	《中华人民共和国水污染防治实施细则》	国务院	1989. 9. 1	2010. 1. 5
11	《污水处理设施环境保护监督管理办法》	国家环保局	1988. 5. 9	2010. 1. 5
12	《广东省地表水环境功能区划》	广东省环保局	1999. 11. 25	2010. 1. 5
13	《东莞市饮用水源污染防治规定》	东莞	1992. 3. 16	2010. 1. 5
14	《东莞市水污染物排放许可证管理办法》	东莞	1995. 7. 25	2010. 1. 5
15	《中华人民共和国大气污染防治法》	全国人大常委会	2000. 9. 1	2010. 1. 5
16	《汽车排气污染监督管理办法》	国家环保局	1990. 8. 15	2010. 1. 5
17	《广东省机动车排气污染防治条例》	广东省环保局	2000. 9. 1	2010. 1. 5
18	《东莞市机动车排气污染防治规定》	东莞	1990. 8. 15	2010. 1. 5
19	《中华人民共和国固体废物污染环境防治法》	全国人大常委会	2005. 4. 1	2010. 1. 5
20	《东莞市固体废物污染环境防治规定》	东莞	1997. 5. 28	2010. 1. 5
21	《关于加强化学危险物品管理的通知》	国务院	2002. 3. 15	2010. 1. 5
22	《关于颁布〈国家危险废物名录〉通知》	广东省环保局	2004. 6. 15	2010. 1. 5
23	《中国禁止或严格限制的有毒化学品名录》（第一批）	国务院	1998. 12. 25	2010. 1. 5
24	《中华人民共和国环境噪声污染防治法》	全国人大常委会	1997. 3. 1	2010. 1. 5

续表

序号	法律法规名称	发布单位	实施日期	登录日期
25	《关于加强社会生活噪声污染管理的通知》	国家环保局	1999. 12. 15	2010. 1. 5
26	《广东省实施〈中华人民共和国环境噪声污染防治法〉办法》	广东省环保局	1997. 12. 1	2010. 1. 5
27	《东莞市环境噪声污染防治规定》	东莞	1996. 5. 24	2010. 1. 5
28	《广东省征收超标准排污费实施办法》	广东省环保局	1985	2010. 1. 5
29	《中华人民共和国消防法》	全国人大常委会	2009. 5. 1	2010. 1. 5
30	《危险化学品安全管理条例》	（国务院通过）	2002. 1. 9	2010. 1. 5
31	《水污染排入物排放限值》（DB 44/26 - 2001）	广东省环保局	2002. 1. 1	2010. 1. 5
32	《大气污染排放限值》（44/27 - 2001）	广东省环保局	2002. 1. 1	2010. 1. 5
33	《饮食业油排放标准》GB18483 - 2001	国家标准	2001. 11. 12	2010. 1. 5
34	《工业企业厂界噪声标准》（GB 12348 - 2008）	国家标准	2008. 10. 1	2010. 1. 5
35	《危险废物转移联单管理办法》	环保总局	1999. 5. 31	2010. 1. 5
36	《关于限制在电子电器设备中使用某些有害成分的指令》	欧盟指令	2002	2010. 1. 5
37	《客户化学物质管理基准》	客户基准	2015	2010. 1. 5
38	《中华人民共和国节约能源法》	全国人大	2008. 4. 1	2010. 1. 5
39	《电子废物污染环境防治管理办法》	国家环保局	2008. 2. 1	2010. 1. 5
40	《SS - 00259》（最新环保协议）第14版	SONY	2015	2010. 1. 5

6.1.4 措施的策划

组织应策划采取措施管理其：①重要环境因素；②合规义务；③（2015版）6.1.1所识别的风险和机遇。

如何实施？

- 在其环境管理体系过程（见2015版6.2，7，8和9.1）中或其他业务过程中融入并实施这些措施；
- 评价这些措施的有效性（见2015版9.1）。

当策划这些措施时，组织应考虑其可选技术方案、财务、运行和经营要求。

【理解】

1. 这是新增要求，要识别组织的环境威胁与环境机遇，并形成文件化信息。针对环境因素、法律法规与相关方要求都要制订文件来对应，如污水污染防治程序、噪音污染防治程序等。在管理评审时也要评审这些措施的有效性。

2. 比如一家电子厂，它的环境威胁就是生活污水含有大量含磷洗衣粉，导致排放不达标，受到政府机关的严厉处罚。一是供应商的环境物质检测报告真假难分，材料环保与否存在很大风险。二是本司没有环保测量设备，环境物质超标将导致巨额罚款。三是危险废弃物回收，供应商没有按国家要求处理，导致污染环境。国家和客户对环境保护越来越重视，同时政府也会给一定的补助，进行清洁生产的企业会享有国家补助，这是一个好机遇。

3. 要提供的证据：资源能源、噪音污染、污水污染、废弃物污染、产品环保、化学品油品、绿化管理、大气污染等相关文件。

4. 易失控点：没有对环境管理有效性进行检查与评审。

6.2 环境目标及其实现的策划

6.2.1 环境目标

组织应针对其相关职能和层次建立环境目标。此时须考虑组织的重要环境因素及相关的合规义务，并考虑其风险和机遇。

环境目标应：

- 与环境方针一致。
- 可测量（可行时）。
- 得到监视。
- 予以沟通。
- 适当时予以更新。

组织应保持环境目标的文件化信息。

【理解】

1. 与2004版本4.3.3相似，但这里明确要求环境目标要形成文件化信息，要沟通到相关人员，同时每年要评审，有必要时要更新。

2. 制作环境目标时要考虑的因素有环境方针、重要环境因素、环境威胁与机遇。

3. 要提供的证据：公司与各部门环境目标。

4. 易失控点：环境目标没有分解到相关部门，部门环境目标与公司环境目标没有联系。

某公司环境目标为100%满足国家法律法规与相关方要求，达到节能减排的目标。其管理方案如表4-5所示。

表 4－5　某公司年度环境目标指标及管理方案

<table>
<tr><th>序号</th><th>环境目标</th><th>环境指标</th><th>环境管理方案</th><th>方法与措施</th><th>完成日期</th><th>负责部门</th></tr>
<tr><td rowspan="2">1</td><td rowspan="2">节约用水</td><td rowspan="2">2005 年度生活用水量节减 13%，即每人每月用水量平均低于 6 吨</td><td rowspan="3">1. 宣传节约意识
2. 合理控制水、纸的消耗</td><td>1. 宣传节约意识</td><td>2005 年 1 月 3 日</td><td>行政部
李成志
罗仁忠</td></tr>
<tr><td>2. 制订和发布实施《节约用水规定》</td><td>2005 年 1 月 5 日</td><td>行政部
李成志
罗仁忠</td></tr>
<tr><td>2</td><td>节约用纸</td><td>2005 年度办公室用 A4 纸节减 5%，即月平均耗量少于 100 包</td><td>3. 行政部定期监督实施各部门用水用纸情况，消耗量及其趋势逐月统计分析
消耗量及其趋势通报
4. 目标达成情况每月检讨</td><td>2005 年 1 月 30 日</td><td>行政部
李成志
罗仁忠</td></tr>
<tr><td rowspan="4">3</td><td rowspan="4">降低潜在事故的风险</td><td rowspan="3">1. 全年发生火灾次数 0 次</td><td rowspan="3">1. 制订和执行消防应急方案</td><td>1. 成立治安消防队；任命专职安全员，由保安人员组成义务消防队</td><td>2004 年 11 月</td><td>行政部
蒋喜明</td></tr>
<tr><td>2. 制订及实施消防演习计划，每年 6 月、12 月进行两次消防演习</td><td>2004 月 12 月 8 日</td><td>行政部
蒋喜明</td></tr>
<tr><td>3. 购置消防、安全设施，不购买 1211 型号等对环境影响过大的灭火器</td><td>2003 年 6 月</td><td>行政部
蒋喜明</td></tr>
<tr><td>2. 全年发生化学品泄漏 0 次</td><td>2. 完善油库及化学危险品仓的管理</td><td>3. 饭堂和发电机油库及化学危险品仓由专人负责。专职安全员每周进行消防安全检查，每个月由环境管理者代表组织对全厂进行一次安全、消防大检查
4. 在油库下方铺垫细沙，预防漏油污染地面环境</td><td>2004 年 12 月 10 日开始执行</td><td>行政部
蒋喜明</td></tr>
</table>

续表

序号	环境目标	环境指标	环境管理方案	方法与措施	完成日期	负责部门
4	做好固体废弃物的管理	2005 年建立健全固体废弃物管理系统	1. 建分类垃圾站 2. 各部门、关键点设立分类垃圾桶	1. 联系回收公司及垃圾处理单位，确定固体废弃物的处理方法 2. 现场设置分类垃圾桶，进行环保宣传工作，使全员能按规定进行操作，提高全员环保意识	2004 年 12 月 5 日	行政部钟雷
			3. 与外部有资格的机构建立联系，定期回收清理	3. 确定垃圾处理单位及回收公司	2004 年 12 月 10 日	行政部孙锋

编制：李成志　　　　　　　　　　审核：　　　　　　　　　　批准：

6.2.2　实现环境目标措施的策划

策划如何实现环境目标时，组织应确定：

- 要做什么。
- 需要什么资源。
- 由谁负责。
- 何时完成。
- 如何评价结果，包括用于监视实现其可测量的环境目标的进程所需的参数（见 2015 版 9.1.1）。

组织应考虑如何能将实现环境目标的措施融入其业务过程。

【理解】

1. 这个条款与 2004 版本 4.3.3 相似，要求根据目标制订环境管理方案，以达成目标。

2. 环境方案要明确具体的措施，资源投入，要投入多少金额，责任人，开始时间，结束时间，如何评估有效。

3. 要提供的证据：环境目标与管理方案。

4. 易失控点：环境方案不具体，没有写清楚资金投入，操作性不强。

（七）支持

7.1 资源

组织应确定并提供建立、实施、保持和持续改进环境管理体系所需的资源。

7.2 能力

组织应：

（1）确定在其控制下工作，对组织环境绩效和履行合规义务的能力有影响的人员所需的能力。

（2）基于适当的教育、培训或经历，确保这些人员能够胜任工作。

（3）确定与其环境因素和环境管理体系相关的培训需求。

（4）适当时，采取措施以获得所必需的能力，并评价所采取措施的有效性。

注：适当措施可能包括，例如，向现有员工提供培训和指导，或重新委派其职务，或聘用、雇佣胜任的人员。

组织应保留适当的文件化信息作为能力的证据。

【理解】

1. 界定环境相关人员能力，特别是与重要环境因素、风险、威胁相关人员的能力，如电工、焊工、维修工、义务消防员等。

2. 要提供相关措施满足能力的要求，如培训、帮扶、轮岗等。

3. 对人员能力进行考核，要留下证据。

4. 要提供的证据：任职资格表，重要环境因素相关岗位清单与上岗证，岗位考核记录（如表4－6所示）。

表4－6　特殊岗位任职资格考核表

姓　　名：________　　部　　门：________　　岗　　位：________

加入日期：________　　填表日期：________

<table>
<tr><td colspan="6">个人自评：

签名：
年　月　日</td></tr>
<tr><td rowspan="2">理论考核</td><td>优</td><td>良</td><td>中</td><td>差</td><td rowspan="8">该部门主管评审意见：

签名：
年　月　日</td></tr>
<tr><td></td><td></td><td></td><td></td></tr>
<tr><td rowspan="2">技能考核</td><td>优</td><td>良</td><td>中</td><td>差</td></tr>
<tr><td></td><td></td><td></td><td></td></tr>
<tr><td rowspan="2">工作效率</td><td colspan="2">标准（%）</td><td colspan="2">实际（%）</td></tr>
<tr><td colspan="2"></td><td colspan="2"></td></tr>
<tr><td rowspan="2">服从、团结、合作性</td><td>优</td><td>良</td><td>中</td><td>差</td></tr>
<tr><td></td><td></td><td></td><td></td></tr>
</table>

总务主管职责与任职资格：

（1）职责

- 确认课内的各项业务计划。
- 总务管理规章制度的制订、修正和实施。
- 组织下属人员对公司水、电、气、空调、电话通信设施进行日常维护和管理。
- 组织对公司厂房等进行维修或改造。

- 公司绿化环境卫生保护与规划并监督实施。
- 员工食堂宿舍的管理工作。
- 完成上级交办的其他工作。

（2）权限

- 确认、批核课内所属人员的请假、升迁、考核和奖惩事项。
- 就课内的业务活动执行上的必要事项与其他课的交涉与协调。
- 确认及查课内各单位人员的作业状况。

（3）素质要求

- 大专或以上学历，熟悉工厂总务行政管理，工作经验丰富，有三年以上经历。
- 有较强的组织、沟通协调和管理能力。
- 表达能力强，具有敬业精神和工作责任感，沟通能力强。
- 经过系统的ISO14001培训，熟悉本部门环境因素识别与控制。

特殊岗位如表4－7所示。

表4－7　特殊岗位清单

更新日期：2013－4－25

序号	工种名称	部门	工作事项	是否持证上岗	备注
1	测试员	体系部	产品依赖性测试		
2	QC	品管部	产品检验		
3	QA	品管部	产品检验		
4	ISO9001内审员	相关部门	公司管理体系内审	外部持证上岗	
5	ISO14001内审员	相关部门	公司管理体系内审	外部持证上岗	
6	检查员	加工部	产品检验		
7	喷油工	加工部	产品喷涂		
8	调油员	加工部	油漆调配		
9	安全主任	人事部	安全管理		

续表

序号	工种名称	部门	工作事项	是否持证上岗	备注
10	人事担当	人事部	危险废弃物处理	外部持证上岗	
11	清洁工	人事部	危险废弃物的分类处理		
12	厨工	人事部	下水道清洁等		
13	电工	维修部	线路维修	外部持证上岗	

7.3 意识

组织应确保在其控制下工作的人员意识到：

（1）环境方针。

（2）与他们工作相关的重要环境因素和相关的实际或潜在的环境影响。

（3）他们对环境管理体系有效性的贡献，包括对提高环境绩效的贡献。

（4）不符合环境管理体系要求，包括未履行组织的合规义务的后果。

【理解】

1. 这个条款与 2004 版本 4.4.2 条款对应，但现在单独列一个条款。

2. 意识主要是通过宣传广告牌、培训、阅读文件与书籍来增强，不一定要留下记录。

3. 可通过年度培训计划、宣传广告牌来满足这个条款的要求。

4. 要提供的证据：各部门培训计划及培训签到表、考核记录。

5. 易失控点：重要环境因素、环境方针与目标没有培训，没有消防演习等。

某公司 2014 年的培训计划如表 4－8 所示。

表 4－8　某公司 2014 年的培训计划

培训项目	培训对象	考核方式	授课人	1月	2月	3月	4月	5月	6月	7月	8月	9月	10月	11月	12月
ISO9001：2008 标准培训	全员参与	现场提问	外聘					▲							
公司体系文件培训	公司员工	现场提问	外聘					▲							
检测设备操作培训	所有品质人员	现场提问	品管课课长					▲							
ROHS 产品认证培训	公司员工	现场提问	外聘					▲							
设备操作培训	设备操作员	实际操作	生产课课长					▲							
锡焊操作培训	锡焊工	实际操作	生产课课长					▲							
内审员训练	内审员	现场提问	外聘							▲					
新进员工培训	新进员工	现场提问	行政课课长							▲					
产品知识培训	一线员工	现场提问	工程课课长								▲				
产品组装作业培训	一线员工	实际操作	工程课课长												△
厂纪厂规培训	新进人员	现场提问	行政课课长												△

注：△表示计划，▲表示已实施。

7.4 沟通

（1）总则

组织应建立、实施并保持与环境管理体系有关的内部与外部信息交流所需的过程，包括信息交流的内容，何时进行信息交流，与谁进行信息交流，如何进行信息交流。

策划信息交流过程时，组织应考虑其合规义务，确保所交流的环境信息与环境管理体系形成的信息一致且真实可信。

组织应对其环境管理体系相关的信息交流做出响应。

适当时，组织应保留文件化信息，作为其信息交流的证据。

【理解】

1. 组织应针对与环境相关问题进行沟通，如周边居民投诉环境，客户环保要求，最新法律法规，当地政府环境要求等。相关事项要留下证据。

2. 要策划一个沟通的过程，明确沟通相关人员、沟通时机、内容，沟通方式及相关回复。

3. 沟通的方式一般是培训、会议等。沟通的内容主要是最新法律法规、客户环保要求，与员工相关环境因素与控制方法。

4. 对应2004版4.4.3条款，要提供的证据有：外部沟通处理结果清单（如4－9信息反馈处理单）、环境会议记录等。

表4－9 信息反馈处理单

接收日期	编号	提供部门	类别	内容概述	审查者	回复结果			文件管理		备注
						回复者	回复日期	回复说明	保管部门	保管人	

续表

接收日期	编号	提供部门	类别	内容概述	审查者	回复结果			文件管理		备注
						回复者	回复日期	回复说明	保管部门	保管人	

（2）内部信息交流

组织应：

● 在其各职能和层次间就环境管理体系的相关信息进行内部信息交流，包括交流环境管理体系的变更。

● 确保其信息交流过程能够促使在其控制下工作的人员对持续改进做出贡献。

（3）外部信息交流

组织应按其建立的信息交流过程的规定及其合规义务的要求，就环境管理体系的相关信息进行外部信息交流。

【理解】

1. 对应2004版4.4.3条款，要提供的证据就是会议记录、培训记录、信息反馈处理、法律法规与相关方要求更新。

2. 易失控点：相关方投诉，政府要求没有及时对应措施。

7.5 文件化信息

7.5.1 总则

组织的环境管理体系应包括：本标准要求的文件化信息和组织确定的实现环境管理体系有效性所必需的文件化信息。

注：不同组织的环境管理体系文件化信息的复杂程度可能不同，取决于：

- 组织的规模及其活动、过程、产品和服务的类型。
- 证明履行其合规义务的需要。
- 过程的复杂性及其相互作用。
- 在组织控制下工作的人员的能力。

【理解】

1. 对应2004版4.4.4条款。

2. ISO14001体系文件包括本标准要求的文件化信息，还包括组织自己认为有必要的文件化信息。

7.5.2 创建和更新

创建和更新文件化信息时，组织应确保适当的：

- 识别和描述（例标题、日期、作者或文献编号）。
- 形式（如语言文字、软件版本、图表）与载体（如纸质、电子）。
- 评审和批准，以确保适宜性和充分性。

【理解】

1. 对应2004版4.4.5和4.5.4条款明确文化编写更新要求的，要明确文件编写要求，如格式统一，文件要经过审批流程。

2. 文件可用多种形式，如电子档、纸质等。

3. 要提供的证据：文件清单，外来文件清单，受控的体系文件。

7.5.3 文件化信息的控制

环境管理体系及本标准要求的文件化信息应予以控制，以确保其：

● 在需要的时间和场所均可获得并适用。

● 受到充分的保护（例如防止失密、不当使用或完整性受损）。

为了控制文件化信息，使用时，组织应采取以下措施：

● 分发、访问、检索和使用。

● 存储和保护，包括保持易读性。

● 变更的控制（例如版本控制）。

● 保留和处置。

组织应识别所确定的对环境管理体系策划和运行所需的来自外部的文件化信息，适当时，应对其予以控制。

注：“访问”可能指只允许查阅文件化信息的决定，或可能指允许并授权查阅和更改文件化信息的决定。

【理解】

1. 本条款对应2004版4.4.5和4.5.4条款，文件和记录管理要求与2004版本一样。

2. 文件要审批，文件变更要申请，版本要升级，旧版文件回收，各部门使用的文件要受控盖章，文件不可随意涂改，不可擅自复印。

3. 要提供的证据：文件清单，外来文件清单，文件发放回收记录，文件变更履历，文件变更申请单。

（八）运行

8.1　运行策划和控制

组织应建立、实施、控制并保持满足环境管理体系要求，以及实施对应 2015 版 6.1 和 6.2 所识别的措施所需的过程，通过：建立过程的运行准则，然后按照运行准则实施过程控制。

注：控制可包括工程控制和程序控制。控制可按层级（例如消除、替代、管理）实施，并可单独使用或结合使用。

组织应对计划内的变更进行控制，并对非预期性变更的后果予以评审，必要时，应采取措施降低任何有害影响。

组织应确保对外包过程实施控制或施加影响。应在环境管理体系内规定对这些过程实施控制或施加影响的类型与程度。

从生命周期观点出发，组织应：

（1）适当时，制订控制措施，确保在产品或服务设计和开发过程中，考虑其生命周期的每一阶段，并提出环境要求。

（2）适当时，确定产品和服务采购的环境要求。

（3）与外部供方（包括合同方）沟通其相关环境要求。

（4）考虑提供与产品或服务的运输或交付、使用、寿命结束后处理和最终处置相关的潜在重大环境影响的信息的需求。

组织应保持必要的文件化信息，以确信过程已按策划得到实施。

【理解】

1. 对应 2004 版本 4.4.6，运行控制要留下相关文件化信息。

2. 与重要环境因素相关风险要进行过程控制，如供应商环境控制、水污染、大气污染、废弃物管理、消防管理、环境物质管理、化学品油品管理、资源能源节约管理、噪音管理、绿化管理、食堂管理、宿舍管理、废弃物管理、装修扩建管理等。

3. 过程控制时的文件化信息如图4－1所示。

名称	修改日期	类型
EPHS01-資源能源節約管理程序	2015/10/29 9:14	文件夹
EPHS02-信息溝通管理程序	2015/10/29 9:14	文件夹
EPHS03-廢弃物管理程序	2015/10/29 9:14	文件夹
EPHS04-環境糾正与預防管理程程序	2015/10/29 9:15	文件夹
EPHS05-相關方施加影響管理程序	2015/10/29 9:15	文件夹
EPHS06-應急準備及響應管理程序	2015/10/29 9:20	文件夹
EPHS07-噪音管理程序	2015/10/29 9:19	文件夹
EPHS08-法律法規及相關要求識别獲取程...	2015/10/29 9:19	文件夹
EPPP01-化學品管理程序	2015/10/29 9:19	文件夹
EPQA01-合規性評價管理程序	2015/10/29 9:18	文件夹
EPQA02-環境監視與測量管理程序	2015/10/29 9:18	文件夹
EPQA03-環境因素管理程序	2015/10/29 9:17	文件夹
EPQA04-環境目標指標管理程序	2015/10/29 9:17	文件夹
EPQA05-污水防治管理程序	2015/10/29 9:16	文件夹

图4－1　过程控制时的文件化信息

4. 易失控点：文件程序要求没有落实，废弃物分类错误，装修过程没有配相应灭火器材，使用国家禁止农药，空调电脑没有及时关等。具体案例如图4－2、图4－3、图4－4、图4－5、图4－6、图4－7、图4－8、图4－9、图4－10、图4－11、图4－12、表4－10、表4－11、表4－12及表4－13所示。

东莞市公安消防局

建筑工程消防验收意见书

东公消验字〔2007〕第41-[illegible]号

关于东莞市[illegible]通讯材料有限公司
东莞市[illegible]电子材料有限公司
消防验收合格的意见

东莞市[illegible]通讯材料有限公司、东莞市[illegible]电子材料有限公司：

报来的东莞市[illegible]通讯材料有限公司、东莞市[illegible]电子材料有限公司厂房、宿舍《建筑工程消防验收申报表》及有关资料收悉。2007 年 2 月 9 日，我公安分局派员会同你单位主管、消防工程公司人员，对该工程进行消防验收。现依据国家有关消防技术标准规范和《建筑工程消防设计审核意见书》（东公消审字第〔2007〕第 41-003 号），提出以下验收意见：

一、本次验收项目：

东莞市[illegible]通讯材料有限公司、东莞市[illegible]电子材料有限公司建筑工程、建筑消防设施，该单位位于东莞市桥头镇岭头村商业街 133 号，厂房一栋三层，占地面积 1200 平方米，建筑面积 3600 平方米，高度为 13.4 米；宿舍一栋五层，占地面积 396 平方米，建筑面积 2508 平方米，高度为 18 米。其中，东莞市[illegible]通讯材料有限公司使用厂房的第一、二层的 2400 平方米作生产，使用宿舍的第四、五层 1056 平方米作员工居住，厂房用作五金制品

-1-

图 4-2 建筑工程消防验收意见书一

生产；东莞市[illegible]泰电子材料有限公司使用厂房的第三层1200平方米作生产，宿舍的第一至三层的1452平方米作员工居住，厂房用作电线制品生产。该厂房钢筋混凝土结构，二级耐火等级，火灾危险性为丙类。

二、建筑防火部分：经抽验，该建筑总平面布局和平面布置、耐火等级、防火分区、安全疏散等能按照国家有关消防规范及审核意见施工。

三、室内消火栓系统部分：经抽验，出水量、出水压力满足要求，消防水泵运转正常。

四、经抽验，建筑灭火器配置及火灾事故应急照明和疏散指示标志符合国家有关消防规范规定。

经消防验收，东莞市[illegible]通讯材料有限公司、东莞市[illegible]电子材料有限公司的厂房消防方面具备使用条件。

你单位对建筑消防设施应当定期维修保养，保证完整有效；已经消防验收的工程如有改建、扩建、内部装修、用途变更等应向公安消防部门申报审批。

二〇〇七年[illegible]月十三日

图4－3　建筑工程消防验收意见书二

工业废物（料）处理合同

合同编号：DJ-DG-06-202

甲方：长雪电器（深圳）有限公司

地址：深圳市宝安区西乡镇固戍村南昌路61号

乙方：深圳市[illegible]环保股份有限公司沙井处理基地

地址：深圳市宝安区沙井镇共和村

为更好地贯彻落实《中华人民共和国固体废物污染环境防治法》及其它有关法规的规定，更有效地防止和减少固体废物对环境的污染，为企业的生存和发展创造良好的环境，甲方委托有环保部门颁发的回收资质证的乙方回收处理甲方产生的废物（液），以配合甲方ISO14001环境管理体系的有效实施。甲、乙双方经友好协商，在遵守中国法律、法规的前提下，订立本合同：

一、甲方责任

甲方将生产过程中所产出的废物连同废包装物交由乙方处理，合同期内不得另行处理。

1. 甲方须如实填写《废料处理技术要求确认书》和《危险废物转移报告》（一式三份）并盖章。
2. 甲方须将各种废物严格按不同品种分别包装、存放，并贴上标签，保证废物包装完好及封口紧实，防止所盛装的废物泄漏污染环境。
3. 甲方须保证提供给乙方的废物不出现以下异常情况：品种未列入本合同；废物含有易爆物质、放射性物质、多氯联苯和因加温或物理、化学反应而产生剧毒气体等物质。

二、乙方责任

1. 乙方自备运输车辆和装卸人员，接到甲方通知后3天内，到甲方收取废物，保证不积存，不影响甲方生产。
2. 乙方收运车辆的司机与装卸员工，在甲方厂内应文明作业，遵守甲方的安全卫生制度。
3. 乙方在废物运输及无害化处理过程中，应该符合国家法律规定的环保和消防要求或标准。

三、回收废物料（液）的品种和收费标准：

1. 废料（液）的品种：见附件
2. 废物料（液）的收费标准：见附件

四、交接事项：

1. 双方交接废物时，必须认真填写《危险废物转移联单》各栏目内容，盖章后送交环保部门。双方核对废物种类、数量及作记录，填写交接单据签名后作为结算收费的凭证。

图4-4 工业废物（料）合同书一

2. 甲方所收集包装的待处理废物，采用以下运输方式 [illegible]
甲方场地（地址：[illegible]）送上乙方运输车辆。

3. 如一方因产生故障或由于不可抗力事故导致直接影响合同的履行，应及时通知另一方，以便采取应急措施。

4. 待处理的废物的环境污染责任：在甲方交乙方签收之前所产生的环境污染问题，由甲方负责；在甲方交乙方签收之后所产生的污染问题，由乙方负责。

五、费用结算：

1. 结算依据：根据双方签字的交接单据上列明的各种废物实际数量，按照合同附件的收费标准收费。

2. 结算方式：[illegible]

六、违约责任：

1. 一方逾期支付处理费，每天按应付总额的15%支付滞纳金给对方。

2. 一方如违反有关规定和合同条款，应承担法律责任，由此给对方造成损失或损害，应按实际损失金额或损害大小进行赔偿。

3. 一方无故撤消合同，应按未履行部分废物总值的100%向对方偿付违约金。

七、合同有效期为壹年，自2006年7月1日至2007年6月30日止。合同期满前一个月，双方根据实际情况商定续期事宜。

八、共同事项：

1. 本合同一式三份，双方各执一份，其余送交环保部门审批存档（所附《危险废物转移报告》双方盖章）。

2. 合同附件经双方盖章后，与合同正文具有同等法律效力。

3. 双方应严格履行本合同条款，任何一方不得擅自提前终止，如需解除合同须由双方共同协商。

4. 未尽事宜，由双方按照合同法和有关规定协商补充。

甲方（盖章）：
代表（签字）：
联系人：
联系电话：0756-[illegible]

乙方（盖章）：[illegible]处理基地
代表（签字）：[illegible]
联系人：
联系电话：0755-[illegible]

2006年07月01日

图4－5　工业废物（料）合同书二

深圳市[illegible]环保股份有限公司沙井处理基地

合同附件

甲方：[illegible]电器（深圳）有限公司

电话：0755-35871919　　　　传真：27369548

乙方：深圳市[illegible]环保股份有限公司沙井处理基地

电话：0769-86388949　　　　传真：86361248

经协议，双方确定价格如下：

废物名称	单位	甲方付乙方（元）	乙方付甲方（元）	备注
废抹布	kg	以包年方式支付		
废灯管	支	处理费7000元/年		
废油漆	kg	（[illegible]）		
废油漆桶	个			
废油	kg			
废水处理污泥	kg			
废树脂、[illegible]	kg			

以上价款之结算方式：1、现金　2、银行帐号 ✓

甲方（盖章）：[illegible]电器（深圳）有限公司　　乙方（盖章）：深圳市[illegible]江环保股份有限公司沙井处理基地

业务联系人：[illegible]　　业务联系人：[illegible]

联系电话/传真：0755-35871919/27369548　　联系电话/传真：0769-86361248

图4－6　工业废物（料）合同书附件

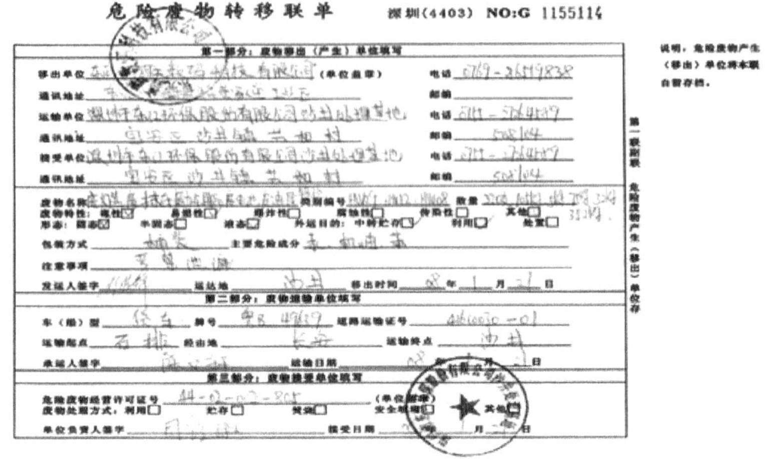

危险废物转移联单 深圳（4403） NO:G 1155114

第一部分：废物移出（产生）单位填写

移出单位 （单位盖章） 电话 0769-26119838
通讯地址 邮编
运输单位 电话
通讯地址 邮编
接受单位 电话
通讯地址 邮编
废物名称 类别编号 数量
废物特性：毒性☑ 易燃性☐ 易爆性☐ 腐蚀性☐ 传染性☐ 其他☐
形态：固态☑ 半固态☐ 液态☐ 外运目的：中转贮存☐ 利用☐ 处置☐
包装方式 主要危险成分
注意事项
发运人签字 运达地 移出时间 08 年 1 月 21 日

第二部分：废物运输单位填写

车（船）型 牌号 道路运输证号
运输起点 经由地 运输终点
承运人签字 运输日期 08 年 1 月 日

第三部分：废物接受单位填写

危险废物经营许可证号 （单位盖章）
废物处理方式：利用☐ 贮存☐ 焚烧☐ 安全填埋☐ 其他☐
单位负责人签字 接受日期 年 1 月 日

第一联副联 危险废物产生（移出）单位存

说明：危险废物产生（移出）单位将本联自留存档。

图 4-7 危险废物转移联单

名 称 深圳市　环保股份有限公司
住 所 深圳市福田区新闻路59号深茂商业中心16层 A、B、C、D、H座
法定代表人 张维仰
注册资本 6273.8187万元（实收资本：6273.8187万元）
企业类型 股份有限公司
经营范围

企业法人
营业执照

注 册 号 4403011032408 执照号深司字 N70514
成立日期 一九九九年九月十六日

副本数：
登记机关 深圳市工商行政管理局
二〇〇三 年 十一 月 十八 日

【提示：每年1月1日至4月30日向登记机关申报年检，不再通知】

营业期限 自一九九九年九月十六日
至二〇四九年九月十六日

图 4-8 企业法人营业执照

中华人民共和国

道路运输经营许可证

（副本）

粤交运政许可 深 字 41600030-0 号

核发机关

年 月 日

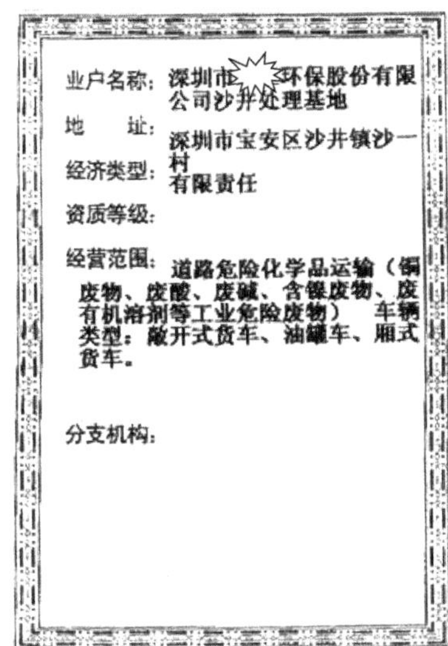

业户名称：深圳市　环保股份有限公司沙井处理基地

地　　址：深圳市宝安区沙井镇沙一村

经济类型：有限责任

资质等级：

经营范围：道路危险化学品运输（铜废物、废酸、废碱、含镍废物、废有机溶剂等工业危险废物）　车辆类型：敞开式货车、油罐车、厢式货车。

分支机构：

图 4－9　道路运输经营许可证

危险废物

经营许可证

编　　号：4403040016

发证机关：广东省环境保护厅

发证日期：二〇一一年一月二十日

法人名称：　环保股份有限公司

法定代表人：张维仰

住　　所：深圳市南山区高新区北区朗山路 9 号东江环保大楼 1 楼、3 楼、8 楼北面、9－12 楼

经营设施地址：宝安区沙井镇沙一村（废蚀刻液回收处理基地）；宝安区沙井镇共和村（危险废物综合处理基地）

核准经营方式：收集、贮存、处理

核准经营危险废物类别：有机溶剂废物（HW06 类中 261－001－06；261－004－06；261－005－06；261－006－06）1000 吨/年；废矿物油（HW08 类中的 251－001－08；251－003－08；251－005－08；264－001－08；266－004－08；375－001－08；非特定行业）1000 吨/年；废乳化液（HW09）100 吨/年；染料涂料废物（HW12 中的 264－009－12；264－010－12；264－011－12；264－013－12；非特定行业）3400 吨/年；表面处理废物（含水率 70%，HW17 中的 346－050－17；346－054－17；346－055－17；346－056－17；346－057－17；346－058－17；346－059－17；346－060－17；346－063－17；346－064－17；346－065－17；346－066－17；346－099－17）7700 吨/年；含铬废物（HW21 中 346－100－21；346－101－21）200 吨/年；含铜废液（HW22）70000 吨/年（有效期至 2010 年 10 月 31 日）；含铅废物（HW31 中 231－008－31）200 吨/年；无机氟化物废物（HW33 中 346－104－33；非特定行业）200 吨/年；废酸（HW34）3800 吨/年；废碱（HW35 中 261－059－35；193－003－35；221－002－35；非特定行业）1000 吨/年；含醚废物（HW40）100 吨/年；废卤化有机溶剂（HW41）100 吨/年；废有机溶剂（HW42）1200 吨/年；含镍废物（HW46）600 吨/年；有色金属冶炼废物（HW48 中的 331－027－48）200 吨/年；其他废物（HW49 中的 900－041－49；900－042－49；900－999－49）700 吨/年；收集废日光灯管

核准经营规模：见附件

有效期限：自 2011 年 1 月 20 日 至 2015 年 6 月 30 日

初次发证日期：2005 年 1 月 1 日

广东省环境保护厅印制

图 4－10　废物经营许可证

报告表编号
2008 年
编号：2960

建设项目环境影响报告表

（试行）

项目名称：东莞塘厦清湖头[illegible]电子厂增设发电机和部份设备

建设单位(盖章)：东莞塘厦清湖头[illegible]电子厂

编制日期：2008 年 10 月 25 日

国家环境保护总局制

图 4－11　建设项目环境影响报告表一

东莞市环境保护局审批意见

同意位于东莞市塘厦镇清湖头高清路3号的东莞塘厦清湖头[illegible]电子厂扩建，增加冲床12台、隧道炉5台、烤箱3台（用电）、搅拌机2台、柴油发电机1台（400KW），扩建后年产铁芯5000万个、电感器1500万个，不得设置电镀、蚀刻、钝化、阳极氧化、抛光等污染工序，禁止采用产业政策以及国家、省明令淘汰或限制的工艺装备、涂料及助剂，禁止以消耗臭氧层物质作为加工助剂。贯彻“以新带老”原则，提高清洁生产水平，严格按原项目的环评及批复要求，落实好各项污染防治措施。具体要求如下：

一、不允许增加排放工艺废水。喷漆水帘柜废水应经有效处理后，全部循环使用，不得外排；

二、生活污水应经有效处理达标后排入市政污水管网，排放执行广东省《水污染物排放限值》（DB44/26-2001）一级标准，纳入城镇污水处理厂处理后，可执行三级标准；

三、不增设置锅炉；

四、设置1台400 KW备用柴油发电机，发电机尾气须达标排放，执行《大气污染物综合排放标准》（GB16297—1996）二级标准

五、加强车间通排风系统，大气污染物排放执行广东省《大气污染物排放限值》（DB44/27-2001）二级标准。厨房炉灶宜用液化石油气、电等清洁能源，设置专用油烟排气筒，油烟排放参照《饮食业油烟排放标准》（试行）（GB18483-2001）有关标准执行。上述排气筒必须远离环境敏感目标设置，其高度和位置应以不影响周围生活环境为原则，根据规范予以确定；

六、合理布局噪声源，强噪声设备必须远离环境敏感目标设置，并采取有效的隔声、消音和减振等措施降低噪声的影响，确保厂界噪声不得超过《工业企业厂界环境噪声标准》（GB12348—2008）2类标准；

七、固体废物须交有相应资质的单位妥善处理处置，防止造成二次污染，危险废物须按规定向我局办理转移报批手续，不得交无证单位或个人处理；

八、项目建设须严格执行配套建设的环境保护设施与主体工程同时设计、同时施工、同时投产使用的环保“三同时”制度。项目建成后，应按有关规定和程序向我局申请项目竣工环境保护验收，待经我局验收合格后，主体工程方可正式投入生产或使用；

九、生产内容、规模、工艺、设备、地点、排污状况等如需改变，另报我局审批；

十、建设单位在环保申报过程中如有瞒报、假报等情形，须承担由此产生引起的一切责任。

以上各项环保审批意见须遵照执行，如违反，将依法追究法律责任。

公　章

经办人：叶可珍　　　　二〇〇八年十一月二十四日

图4－12　建设项目环境影响报告表二

表 4－10　重点施加影响相关方一览表

序号	相关方名称	传真	联系电话	联系人	地址	影响方式	施加影响内容
						环境调，环保协定	运输，产品环保

批准：　　　　　　　　　　　批准：　　　　　　　　　　　制订：

表 4－11　消防设施点检记录表

安装日期：　　年　　月　　日　　　　存放地点：　　　　　编号：

项目 月份	灭火器			消防栓							检查人员签名及日期	保安队长复检及日期
	合压	喷管	处理意见	水带	接口	消防栓	水枪	按钮	警铃	处理意见		
1												
2												
3												
4												
5												
6												
7												
8												
9												
10												
11												
12												

备注：1. 正常打“√”坏打“×”没有打“○”。　　　　　　文件编号：FMHS11A

2. 合压填写灭火器确实之压力数，如低于 1.0MPA 时须上报并及时冲粉。

3. 如在检查中有损坏的，须及时上报，并及时予以修复。

4. 未经许可，不得动用或乱用消防水。

5. 只点检存在的项目。

表 4－12 固体废弃物分类表

大类别	小类别	实际例子	处理措施
可回收	办公类	办公废纸、卫生纸内圈	回收公司回收
	后勤生活类	饮料瓶子，废弃食品用胶袋，易拉罐，废洗手液容器	回收公司回收
		剩菜剩饭	回收公司回收
	生产类	FFC 调机品、不良品、库存逾期品等	回收公司回收
		不含危险品的废手套、FFC 边料等，报废的工装治具，报废包材类	回收公司回收
		废零配件、废金属饮料容器、废铜及铜电线等，废打包带	回收公司回收
不可回收	办公类	一次性饮水用具、茶叶类等	环卫所处理
	后勤生活类	食品包装纸、包装纸袋、快餐盒、方便纸、纸屑类等	环卫所处理
		树叶、杂草、沙土、陶瓷，果皮、内核之类等	环卫所处理
	生产类	各工站清洁不含危险品桌面抹布等	环卫所处理
危险废弃物	办公类	签字笔类、白板笔类、废涂改液容器类、废墨水盒、废硒鼓、废胶水容器、废印台、废印油容器、废印章、废油性笔芯、废笔芯、废白板擦儿、废电池等	有资质的回收公司
	后勤生活类	废油漆容器、废电池、废油瓶等	有资质的回收公司
		废日光灯管、废灯泡等	有资质的回收公司
	生产类	含油漆的废刷子等，废零配件、废润滑油容器、含危险品的抹布等	有资质的回收公司
		指套、废胶套、橡皮筋，废电池，废酒精瓶等	有资质的回收公司

表4－13　危险化学品清单

序号	危险化学品名称	来源	有无MSDS	存放地点

8.2　应急准备和响应

组织应建立、实施并保持对6.1.1中识别的潜在紧急情况进行应急准备并做出响应所需的措施。

组织应：

（1）通过策划措施做好响应紧急情况的准备，以预防或减轻它所带来的有害环境影响。

（2）对实际发生的紧急情况做出响应。

（3）根据紧急情况和潜在环境影响的程度，采取相适应的措施预防或减轻紧急情况带来的后果。

（4）可行时，定期试验所策划的响应措施。

（5）定期评审并修订过程和策划的响应措施，特别是发生紧急情况后或进行试验后。

（6）适用时，向有关的相关方，包括在组织控制下工作的人员提供应急准备和响应相关的信息和培训。

组织应保持必要的文件化信息，以确信过程按策划予以实施。

【理解】

1. 与2004版4.4.7相对应，要建立重大事故的应急预案，如化学品泄漏应急预案，火灾爆炸的应急预案。

2. 每年至少要演练一次应急预案的有效性，必要时进行修改。

3. 要建立一个应急准备和响应的程序，明确组织内部的工作流程。

4. 要提供的证据：逃生路线图、消防组织架构图、应急灯、逃生指标牌、消防沙与铁锹等。文件要有紧急情况应急预案，应急准备和响应程序。

5. 易失控点：应急预案没有演练，没有评审，现场应急准备的材料标示不充分，如应急灯不亮，逃生指示牌看不清楚等。

重大灾害事故应急预案

1. 目的

为防止突发事件之发生能迅速且有效掌握各项致火因素，采取必要处理措施，降低伤害，减少损失以及避免造成环境二次污染。

2. 适用范围

公司全厂内及邻厂附近周边居民。

3. 灾害分类与应变权责

(1) 公司厂内可能之火灾形式与等级分类如表 4－14 所示。

表 4－14　公司厂内可能之火灾形式与等级分类

灾害形成	灾害等级			危害物质	地点
	1	2	3		
化学品或油料泄漏	√	√		酒精	储存区
可能性火灾	√	√		酒精	制成储存区
台风	√	√	√	全厂	全厂
地震	√	√	√	全厂	全厂

注：灾害等级：

第一阶段应变：厂内小量泄漏或火灾。

第二阶段应变：厂内大量泄漏或火灾。

第三阶段应变：已扩及厂外，已造成严重影响。

（2）灾害等级之定义及厂内外职责，如表4－15所示。

表4－15　灾害等级之定义及厂内外职责

灾害等级	职责		工作要领
	厂内	厂外	
第一阶段：厂内外小量泄漏或小火灾。该领班人员或该部门人员可控制灾害	主要	不需要	有当班主管负责指挥、执行救灾工作，事后将详细事故报告部门主管及人事行政部
第二阶段：厂内较大泄漏或较大火灾。公司须对全厂人员或请求厂外支援，得以控制灾害区	主要	支援	当班主管、部门主管请求支持并暂代指挥权，直至上级主管接管。指挥人员指挥救灾工作并动员厂内全部人员救灾
第三阶段：已扩及厂外，已造成严重影响	支援	主要	后续救灾工作及应变组织运作由当地政府指挥

（3）特别注意事项：

- 夜班发生灾害时，夜间组长急速报告相关部门主管。
- 拉响紧急铃声后，生产作业要暂行停止。
- 紧急通报后任何在现场周围工作人员立即撤离至工作区外的安全地区。

• 紧急通报后人员均按本计划组织进行急救。

4. 应变运作流程与组织

本计划是针对厂区可能发生事故的情况，加以规划应变架构工作。故在事故发生时，应变人员应立即依照计划表展开应变救灾工作。本计划的运作应由部门主管负责执行，而管理代表为现场指挥官。第二、三阶段应变时，应变指挥中心成立，设立于警卫室。此刻厂区应变组织及厂外支援也应立即采取有效应变措施。

5. 紧急应变处理措施

（1）遇有紧急状况发生，依紧急应变计划实施各单位抢救工作。

联络组应：

• 紧急向上通报。

• 联络警卫室利用广播通知全厂员工。

• 对外联络请求消防队支持。

• 必要时向有关单位报备。

（2）防火小组

• 接到紧急通知或广播时，义务消防队员立即赶到火灾现场抢救控制火场，扑灭火源。

• 协助支持消防队。

• 火场人员搜救与疏散。

• 将现场人员依疏散方向尽速引导至安全地区。

（3）急救组

• 到达灾区上成立及时救护站。

• 利用急救器材展开受伤人员急救及伤员运送。

（4）人事行政部：保安队

• 火灾发生时，人事行政部相关人员视情节切断电源，防止火灾扩大。

• 抢救维护灾区附近设备，事故现场有危害物要迅速移除。

• 负责封闭系统的协调与供应。

（5）灾变处理

• 灾变发生时掌控灾情处理。

• 原物料设备的清点处理。

• 准备恢复生产。

6. 紧急应变通报程序分为厂内和厂外通报两种

（1）厂内通报程序

• 日间通报程序

发现者→现场主管、全厂通报→人事行政部→管代→总经理→道滘消防队、东莞人民医院。

• 夜间通报程序

发现者→现场组长、拉响警报→夜间组长→保安→人事行政部→总经理→道滘消防队、东莞人民医院。

（2）厂外通报

厂外通报主要是向支援单位请求支援。在厂外联络相关单位一览表列有相关单位电话，通报人可依表中电话请求适当支援。

（3）通报用词

• 事故发生后，通报人在通报各相关单位时，务必简明，在最短时间内通报完成。

• 请求支持，例如请示者讲清楚公司名称、本人部门、姓名、灾害的程度、地点、联络电话。

7. 化学品溶剂发生事故时的应变运作流程

（1）化学品溶剂指酒精、二甲苯、固体剂、清洗剂等。

（2）遇少量泄漏时，事件处理人员应事先戴好防护用具（例如口罩、手套），就近取防泄急救物品，例如泥土、棉布、回丝，将泄漏溶剂吸收擦干，将所产生的废弃物处理。

（3）查明泄漏的原因，并实时装入无泄漏容器内，报予上级主管。

（4）遇大量泄漏时，适时关闭存放区的电源，打开窗户保持通风，就近取用泥土覆盖，放置警告牌并及时通报上级主管，以便及时与外界相关单位联系；事件处理人员应事先戴好防护用具（例如口罩、手套）。

事件处理程序如下：

- 少量泄漏：发现者→及时加以处理→改善对策。
- 大量泄漏：发现者→切断电源打开窗户→现场主管、通报全厂→人事行政部→管代→总经理→道滘消防队、东莞人民医院。

8. 有机溶剂：机油、液压油、汽油、柴油、煤油

（1）少量泄漏时，在个人能解决的情况下，应立即用泥土覆盖，并查明原因想出对策，及时上报上级主管。

（2）遇有大量泄漏时，关闭存放区的电源，防止火种，就近取用泥土覆盖，放置警告牌并及时通报上级主管，以便及时与外界相关单位联系。事件处理程序如下：

- 少量泄漏：发现者→及时加以处理→改善对策。
- 大量泄漏：发现者→切断电源打开窗户→现场主管、通报全厂→人事行政部→管代→总经理→道滘消防队、东莞人民医院。

9. 公司内紧急疏散计划

（1）当公司内事故无法控制或邻厂发生事故（如毒氯外泄、爆炸）对人体产生立即性伤害的可能时，公司将立即采取应变措施，必要时执行公司停机及疏散。

（2）疏散事故形态如表4－16所示。

表4－16　疏散事故形态

事故形态	说明
地震	接到本公司所在地区即将发生地震通知时
火灾事故	公司发生火灾事故且无法立即有效控制，有涉及其他设备，且引发二次灾害之时
邻厂爆炸事故	听到由邻厂发生之爆炸声且经向邻厂确认，有毒性氯体外泄之可能时

（3）人员清点与警报解除

疏散后员工要在集合地点接受清点，各单位主管将清点结果向管理代表报告以决定寻找失踪人员，并将受伤人员送到邻近医院救治，警报未解除前人员不得进入灾区。

10. 复原计划

（1）复原程序

公司原程序分为三阶段：

- 厂务部会同相关单位人员再次进入灾区。
- 调查已受损设备及建筑。
- 调查具有潜在危险性的设备（如管线、支架等）。

（2）灾区清理

- 受损设备清理及恢复。
- 评估具有危险性的管线及设备，并予以拆除进行补救。
- 针对事故发生原因及应变行动加以检讨并做成书面资料。
- 车间恢复生产。

当车间各方面都符合开工条件并得到总经理的复工许可时，方可恢复生产。

11. 事故调查分析检讨

（1）当事故发生经复原完成时，处理单位必须将此次事故始末、时间、发生原因、处理状况、结果等信息填记到《紧急情况处理报告》。

（2）依环境事故严重性与应急效果，报上层主管作为修改《重大灾害事故应急预案》的参考。

（3）提供环境灾变处理结果后以管理代表为召集人召开检讨会议，检讨此次处理妥善性，并研究更佳对策，使紧急事件损失减少。

12. 计划经核准后分发各部门保管并遵循下列事项

确认了解本计划的内容，并有步骤地展开救灾工作；将本计划内容转达所属同仁。

13. 参考资料

应急准备及回应管理程序。

14. 相关表单

紧急情况处理报告。

15. 附表

表 4-17 厂外联络相关单位一览表

相关单位	联系电话	相关单位	联系电话
寮步消防队	88830119	管理区村委会	81333088
东莞人民医院	23038575	东莞劳动局	22203612
东莞市环保局	12369	纪英学校	88314699

消防演习方案

为提高员工的消防意识，检验公司消防设施的功能，提高员工在紧急情况下的应变能力、自我防护能力，使每个员工都懂消防知识，在遇到火警、火灾时知道怎样报警，怎样扑救，怎样疏散人员，怎样抢救伤员物资，故公司后勤部计划进行消防演习，实施方案如下：

一、人员安排

（1）总指挥：刘清平

副总指挥：覃文忠

（2）组员：全体保安、各车间组长、调机员、上落模员工、电工

（3）参加人员：全体员工

（4）摄影：蔡秀梅、惠生娥

二、演习项目

（1）应急疏散

（2）火灾扑救

三、疏散集中地

空旷场地。

四、前期准备

（1）消防知识及逃生小常识橱窗宣传。

（2）对员工进行消防知识培训。

（3）对公司消防设施进行检查。

五、各部门紧急疏散具体行动安排

（1）指挥小组成员接到火警通知后，立即到达指挥中心。指挥小组由公司后勤部队长负责，火警现场由后勤部负责。

（2）通过事故广播发出紧急疏散通知：

• 根据演习楼层，每层分为三个防火区域情况，首先进行水平疏散，把物资和人员转移到同一楼层其他安全的防火区域。广播内容："请注意，该层发生紧急情况，请遵从公司后勤部人员的指挥，疏散到安全区域"。

• 根据火警现场情况，下达演习区域全部疏散命令。疏散次序为着火层，着火层以上各层和着火层下一层，着火层以下各层，广播内容："请注意，该区域内发生了紧急情况，请遵从公司后勤部工作人员的指挥，从最近的疏散通道立即撤出大楼。

（3）通过电话、对讲机随时了解火灾现场及各区域人员疏散情况，检查报警系统、消防加压水泵和送排风系统的运行情况。

（4）指挥有关部门和人员采取相应的行动。

（5）确认全部人员疏散完毕后发出演习结束通知。

（6）指挥小组领导到疏散集合地点进行演习总结。

六、火灾扑救具体安排

（1）消防演习地点：厂区空旷场地。

（2）根据地形清理现场，准备好引火物。

（3）发放消防器材。

（4）听安全员的讲解。

（5）开始演习。

● 灭油火

第一组点燃油火：使用铁锹铲沙灭火。

地面油物起火，用细沙直接洒向油面盖灭火。

第二组点燃油火：使用5kg 灭火器灭火。

油盆起火，使用5kg 干粉灭火器时，先将灭火器倒置摇晃几下，再将保险销拔掉，将喷头对准火的源头，按下开关进行灭火。

● 灭柴火

第三组点燃柴火：5kg 灭火器灭火。

使用5kg 干粉灭火器先将灭火器倒置摇晃几下，再将保险销拔掉，将喷头对准火的根部，按下开关进行灭火。

（6）结束演习（宣布）。

（7）清理现场。

（九）绩效评价

9.1 监视、测量、分析和评价

（1）总则

组织应监视、测量、分析和评价其环境绩效。

组织应确定：

● 需要监视和测量的内容。

● 适用时，注意监视、测量、分析与评价的方法，以确保有效的结果。

● 组织评价其环境绩效所依据的准则和适当的参数。

● 何时应实施监视和测量。

• 何时应分析和评价监视和测量结果。

适当时，组织应确保使用经校准或经验证的监视和测量设备，并对其予以维护。

组织应评价其环境绩效和环境管理体系的有效性。

组织应按其建立的信息交流过程的规定及其合规义务的要求，就有关环境绩效的信息进行内部和外部信息交流。

组织应保留适当的文件化信息，作为监视、测量、分析和评价结果的证据。

【理解】

1. 对应 2004 版本 4. 5. 1，要留下文件化的信息作为监视证据，如环境检查记录、环境指标检测记录、用水电记录等。

2. 监视对象：环境目标与管理方案，环境相关文件运行（如水污染、噪音污染），污水、废气、噪音是否达标排放，法律法规与相关方要求是否已落实，能源消耗等。

3. 监测设备要校准，如温湿度计、噪音测试仪等。

4. 当监视与测量不符合时，要有相应的改善措施。

5. 要提供证据：污水、噪音、废气、油烟检测报告、环境运行检查报告、用水用电记录、目标统计表等。

6. 易失控点：重要环境因素运行状况没有日常检查，如发电机运行、固体废弃物分类等。

各种报告如图 4 – 13、图 4 – 14、图 4 – 15、图 4 – 16、图 4 – 17、图 4 – 18、图 4 – 19、图 4 – 20、图 4 – 21、图 4 – 22、表 4 – 18、表 4 – 19、表 4 – 20 所示。

报告编号（Report ID）： 1008023－0

检 测 报 告

（Testing Report）

委托单位 惠州开[illegible]工业科技有限公司
（Applicant）

受测单位 惠州开[illegible]工业科技有限公司
（Tested Unit）

报告日期 2010年8月10日
（Approval Date）

PSNY 谱 尼 测 试

Pony Testing International Group

www. ponytest. com

图4－13 检测报告一

检 测 报 告

报告编号：1008023－002　　　　第 2 页，共 10 页

<table>
<tr><td>委托单位</td><td colspan="4">惠州开[illegible]工业科技有限公司</td></tr>
<tr><td>受测单位</td><td colspan="4">惠州开[illegible]工业科技有限公司</td></tr>
<tr><td>受测地址</td><td colspan="4">惠州市惠城区惠澳大道数码工业园南区松柏路 2 号</td></tr>
<tr><td>采样日期</td><td colspan="2">2010. 07. 30</td><td>完成日期</td><td>2010. 08. 10</td></tr>
<tr><td>样品编号</td><td colspan="2">1008023－002～2</td><td>标态废气流量（m^3/h）</td><td>1.28×10^3</td></tr>
<tr><td>排气筒名称</td><td colspan="2">注塑成型废气排放筒</td><td>废气平均温度（℃）</td><td>30</td></tr>
<tr><td>排气筒高度（m）</td><td colspan="2">0</td><td>废气平均流速（m/s）</td><td>1. 7</td></tr>
<tr><td>检测依据</td><td colspan="4">详见附表</td></tr>
<tr><td>采样仪器</td><td colspan="4">大气采样仪</td></tr>
<tr><td>检测项目</td><td>排放浓度检测结果（mg/m^3）</td><td>DB44/27－2001 二时段二级限值（mg/m^3）</td><td>排放速率检测结果（kg/h）</td><td>DB44/27－2001 二时段二级限值（kg/h）</td></tr>
<tr><td>氯乙烯</td><td><0. 08</td><td>36</td><td>/</td><td>……</td></tr>
<tr><td>非甲烷总烃</td><td>1. 85</td><td>120</td><td>2.37×10^{-3}</td><td>……</td></tr>
</table>

备注：（1）“/”表示当排放浓度低于检出限时，无需计算排放速率；
（2）“……”表示不适用。

图 4－14　检测报告二

检 测 报 告

报告编号：1008023－002　　　　第 3 页，共 10 页

<table>
<tr><td>委托单位</td><td colspan="3">惠州开[illegible]工业科技有限公司</td></tr>
<tr><td>受测单位</td><td colspan="3">惠州开[illegible]工业科技有限公司</td></tr>
<tr><td>受测地址</td><td colspan="3">惠州市惠城区惠澳大道数码工业园南区松柏路 2 号</td></tr>
<tr><td>采样日期</td><td>2010. 07. 30</td><td>完成日期</td><td>2010. 08. 10</td></tr>
<tr><td>样品编号</td><td>1008023－002～3</td><td>标态废气流量（m^3/h）</td><td>241</td></tr>
<tr><td>排气筒名称</td><td>发电机废气排放筒</td><td>废气平均温度（℃）</td><td>103</td></tr>
</table>

续表

排气筒高度（m）	1.6		废气平均流速（m/s）	3.0
检测依据	详见附表			
采样仪器	微电脑烟尘平行采样仪			
检测项目	排放浓度检测结果（mg/m^3）	DB44/27－2001二时段二级限值（mg/m^3）	排放速率检测结果（kg/h）	DB44/27－2001二时段二级限值（kg/h）
氮氧化物	10	120	2.4×10^{-3}	0.0036
二氧化硫	<1	500	/	0.012
烟尘	30.5	120	7.35×10^{-3}	0.016
林格曼黑度	林格曼黑度1级	林格曼黑度1级	……	……

备注：(1)“……”表示不适用；
(2)“/”表示当排放浓度低于检出限时，无需计算排放速率；
(3)当排气筒高度低于15米时，排放速率限值按4.2.3.5外推法计算结果的50%执行。

图4－15 检测报告三

检 测 报 告

报告编号：1008023－002　　　　第4页，共10页

委托单位	惠州开**工业科技有限公司		
受测单位	惠州开**工业科技有限公司		
受测地址	惠州市惠城区惠澳大道数码工业园南区松柏路2号		
采样日期	2010.07.30	完成日期	2010.08.10
样品编号	1008023－002～4	标态废气流量（m^3/h）	1.68×10^3
排气筒名称	模具车间废气排放筒1#	废气平均温度（℃）	29
排气筒高度（m）	2	废气平均流速（m/s）	3.7
检测依据	详见附表		
采样仪器	微电脑烟尘平行采样仪		

续表

检测项目	排放浓度检测结果（mg/m^3）	DB44/27－2001 二时段二级限值（mg/m^3）	排放速率检测结果（kg/h）	DB44/27－2001 二时段二级限值（kg/h）
粉尘	8.72	120	1.47×10^{-2}	2.6×10^{-2}

备注：当排气筒高度低于 15 米时，排放速率限值按 4.2.3.5 外推法计算结果的 50% 执行。

图 4－16　检测报告四

检 测 报 告

报告编号：1008023－002　　　　第 5 页，共 10 页

委托单位	惠州开[illegible]工业科技有限公司			
受测单位	惠州开[illegible]工业科技有限公司			
受测地址	惠州市惠城区惠澳大道数码工业园南区松柏路 2 号			
采样日期	2010.07.30		完成日期	2010.08.10
样品编号	1008023－002～5		标态废气流量（m^3/h）	3.28×10^3
排气筒名称	模具车间废气排放筒 2#		废气平均温度（℃）	32
排气筒高度（m）	2		废气平均流速（m/s）	3.7
检测依据	详见附表			
采样仪器	微电脑烟尘平行采样仪			
检测项目	排放浓度检测结果（mg/m^3）	DB44/27－2001 二时段二级限值（mg/m^3）	排放速率检测结果（kg/h）	DB44/27－2001 二时段二级限值（kg/h）
粉尘	6.55	120	2.15×10^{-2}	2.6×10^{-2}

备注：当排气筒高度低于 15 米时，排放速率限值按 4.2.3.5 外推法计算结果的 50% 执行。

图 4－17　检测报告五

检测报告

报告编号：1008023－002　　　　第6页，共10页

委托单位	惠州开[illegible]工业科技有限公司		
受测单位	惠州开[illegible]工业科技有限公司		
受测地址	惠州市惠城区惠澳大道数码工业园南区松柏路2号		
采样日期	2010.07.30	完成日期	2010.08.10
样品编号	1008023－002～6	样品状态	液态
样品名称	生活废水	采样方式	瞬时采样
温度（℃）	25	温度（%RH）	65
检测依据	详见附表		

检测项目	检测结果（mg/L，pH除外）	DB 44/26－2001第二时段一级限值（mg/L，pH除外）
pH	6.8	6－9
悬浮物（SS）	21	60
化学需氧量（COD_{Cr}）	37	90
五日生化需氧量（BOD_5）	10.4	20
动植物油	5.4	10

图4－18　检测报告六

检测报告

报告编号：1008023－002　　　　第7页，共10页

委托单位	惠州开[illegible]工业科技有限公司		
受测单位	惠州开[illegible]工业科技有限公司		
受测地址	惠州市惠城区惠澳大道数码工业园南区松柏路2号		
采样日期	2010.07.30	完成日期	2010.08.10
样品编号	1008023－002～7	天气情况	晴
检测项目	噪声	测试期间最大风速	1.1m/s
检测依据	GB12348－2008 工业企业厂界环境噪声排放标准		

续表

检测仪器	噪声分析仪		
校准仪器	HS6020 型声校准器　　出厂编号：08006241		
	测前校准：94.0dB（A）　　测后校准：94.0dB（A）		
测点位置（见附图）	昼间 Leq〔dB（A）〕	夜间 Leq〔dB（A）〕	GB12348－2008（3类）限值 Leq〔dB（A）〕
▲1#厂界东面外 1 米处	58.2	53.2	昼间 65 夜间 55
▲2#厂界东面外 1 米处	59.3	51.5	
▲3#厂界东面外 1 米处	58.5	52.4	
▲4#厂界东面外 1 米处	57.2	52.0	

备注：当排气筒高度低于 15 米时，排放速率限值按 4.2.3.5 外推法计算结果的 50% 执行。

图 4－19　检测报告七

检 测 报 告

报告编号：1008023－002　　　　第 8 页，共 10 页

附：测点位置平面示意图

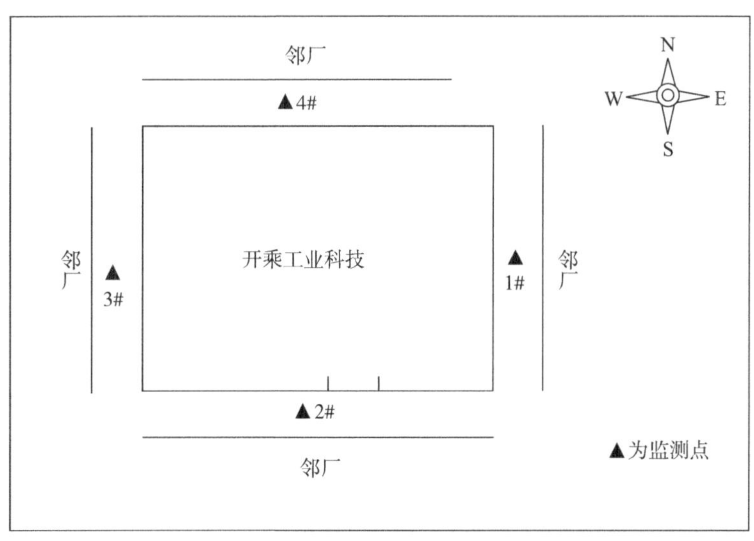

图 4－20　检测报告八

检 测 报 告

报告编号：1008023－002　　　　　　第9页，共10页

<table>
<tr><td colspan="2">委托单位</td><td colspan="3">惠州开[illegible]工业科技有限公司</td></tr>
<tr><td colspan="2">受测单位</td><td colspan="3">惠州开[illegible]工业科技有限公司</td></tr>
<tr><td colspan="2">受测地址</td><td colspan="3">惠州市惠城区惠澳大道数码工业园南区松柏路2号</td></tr>
<tr><td colspan="2">采样日期</td><td>2010.07.30</td><td>完成日期</td><td>2010.08.10</td></tr>
<tr><td colspan="2">样品编号</td><td>1008023－002～8</td><td>检测项目</td><td>职业噪声</td></tr>
<tr><td colspan="2">检测依据</td><td colspan="3">GBZ/T 189.8－2007</td></tr>
<tr><td colspan="2">检测仪器</td><td colspan="3">噪声分析仪</td></tr>
<tr><td colspan="2" rowspan="2">校准仪器</td><td colspan="3">HS6020型声校准器　　　出厂编号：08006241</td></tr>
<tr><td colspan="3">测前校准：94.0dB（A）　　测后校准：94.0dB（A）</td></tr>
<tr><td>No.</td><td>采样位置</td><td>接触时间（h）</td><td>检测结果
L_{eq}〔dB（A）〕</td><td>GBZ 1－2002限值
L_{eq}〔dB（A）〕</td></tr>
<tr><td>1</td><td>注塑机10#</td><td>8</td><td>82.4</td><td>85</td></tr>
<tr><td>2</td><td>工模钻床5#</td><td>8</td><td>75.7</td><td>85</td></tr>
</table>

附：采样位置平面示意图

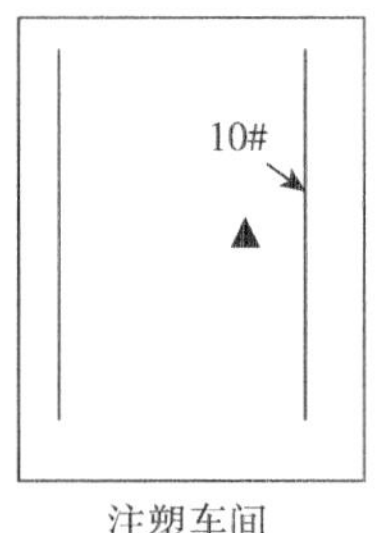

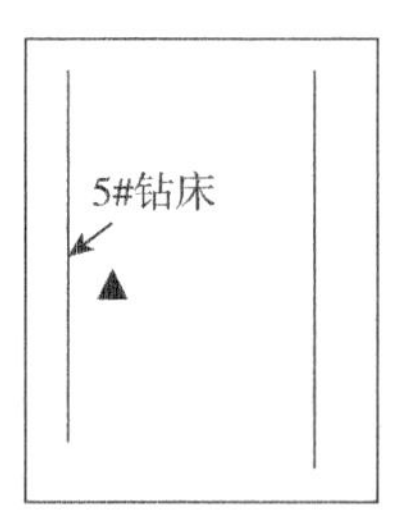

▲为采样点

图4－21　检测报告九

检 测 报 告

报告编号：1008023－002　　　　　　　　　　　　　　　　　　第10页，共10页

附表：分析方法、仪器及来源、最低检出浓度

项目名称	分析方法	仪器	方法来源	最低检出浓度
pH	玻璃电极法	酸度计	GB 6920－86	0.1（pH值）
悬浮物（SS）	重量法	电子天平	GB 11901－89	4 mg/L
化学需氧量（COD_{Cr}）	重铬酸盐法	－	GB 11914－89	5 mg/L
五日生化需氧量（BOD_5）	稀释与接种法	生化培养箱	HJ 505－2009	0.5 mg/L
动植物油	红外光度法	红外测油仪	GB/T 16488－1996	0.1 mg/L
苯	气相色谱法	气相色谱仪	《空气和废气监测分析方法》（第四版）	0.010 mg/m^3
甲苯	气相色谱法	气相色谱仪	《空气和废气监测分析方法》（第四版）	0.010 mg/m^3
二甲苯	气相色谱法	气相色谱仪	《空气和废气监测分析方法》（第四版）	0.010 mg/m^3
氯乙烯	气相色谱法	气相色谱仪	HJ/T 34－1999	0.08 mg/m^3
非甲烷总烃	气相色谱法	气相色谱仪	HJ/T 38－1999	0.04 mg/m^3
氮氧化物	定电位电解法	烟尘烟气测定仪	《空气和废气监测分析方法》（第四版）	1 mg/m^3
二氧化硫	定电位电解法	烟尘烟气测定仪	《空气和废气监测分析方法》（第四版）	1 mg/m^3
烟尘	重量法	电子天平	GB 5468－91	0.001 mg/m^3
林格曼黑度	测烟望远镜法	测烟望远镜	《空气和废气监测分析方法》（第四版）	－
烟尘	重量法	电子天平	《空气和废气监测分析方法》（第四版）	0.001 mg/m^3

编制：　　　　　　　　　　　　　　审核：　　　　　　　　　　　批准：

图4－22　检测报告十

表4－18　环境管理目标追踪表

年

项目	目标指标	1月	2月	3月	4月	5月	6月	7月	8月	9月	10月	11月	12月
1	人均用水量（小于0.5吨/人）												
2	每年产1000PCS产品用电量												
3	潜在火灾发生（小于0次）												

表4－19　某公司监控与测量管制一览表

一、噪声项目

噪声监测地点	标准值	实际值	单位评价
白天厂界1米外1#监测点（东）	Leq≤60dB（A）	55.3dB（A）	合格
白天厂界1米外2#监测点（南）	Leq≤60dB（A）	52.8dB（A）	合格
白天厂界1米外3#监测点（西）	Leq≤60dB（A）	57.2dB（A）	合格
白天厂界1米外4#监测点（北）	Leq≤60dB（A）	59.1dB（A）	合格
夜间厂界1米外1#监测点（东）	Leq≤50dB（A）	46.0dB（A）	合格
夜间厂界1米外2#监测点（南）	Leq≤50dB（A）	44.6dB（A）	合格
夜间厂界1米外3#监测点（西）	Leq≤50dB（A）	47.7dB（A）	合格
夜间厂界1米外4#监测点（北）	Leq≤50dB（A）	48.8dB（A）	合格

二、生活废水项目　　地点：生活废水处理池

生活污水污染结果分析表

污染物监测项目	评价标准（mg/L），pH值除外	浓度范围（mg/L）	单位评价
pH*	6～9	6.5～7.66	合格
色度	40	25	合格
SS悬浮物	60	36	合格
COD_{cr}	90	78.9	合格

续表

污染物监测项目	评价标准（mg/L），pH 值除外	浓度范围（mg/L）	单位评价
BOD_5	20	11.4	合格
氨氮	10	3.22	合格
LAS	5.0	1.45	合格
磷酸盐	0.5	0.18	合格
动植物油	10.0	5.47	合格

三、食堂油烟　　　　　　　　　　　　　　　　　　地点：烟囱口

食堂油烟结果分析表

污染物监测项目	评价标准（mg/m^3）	浓度范围（mg/L）	单位评价
溶度	$<2mg/m^3$		

表 4－20　某公司环境因素运行监控表

部门/位置　　　　　　　日期				
项目	检查内容	检查结果	异常处置	备注
污水管理	1. 洗手间是否清洁，无漏水现象			
	2. 是否使用无磷涤剂			
	3. 化学品、油类或超重物品是否摆放在排水管附近			
	4. 排水管道是否有漏水迹象			
	5. 洗手间、清洁房等场所是否有节约用水的标识，或标识已模糊不清			

续表

项目	检查内容	检查结果	异常处置	备注
废污染管理	1. 各类挥发性化学品用后是否及时加盖			
	2. 是否使用1211灭火器			
噪声管理	1. 机器设备是否有足够的润滑油			
	2. 机器运转是否有发出异响			
	3. 有否待产的设备在运转			
废弃物管理	1. 有否按照垃圾分类的要求设置收集桶			
	2. 垃圾桶的标识是否清楚、正确			
	3. 废弃物是否按危险有害废弃物/一般废弃物/可回收废弃物的要求投入到相应的回收筒			
	4. 有否未双面使用的复印纸废弃			
	5. 回收房的废弃物是否进行了分类			
	6. 废酒精等是否分类收集			
	7. 收集的危险废弃物是否由有资质的回收商处理			
化学品管理	1. 各类化学品使用及仓存有明确标识			
	2. 化学品的存放或一次领用量是否超过最大限量			
	3. 化学品的管理、使用部门是否有《危险化学品安全技术说明》可查阅			
	4. 接触化学品的员工是否配备适当的防护装置			
	5. 管理或使用化学品的员工是否明确与之有关的化学品的使用、存放及运输要求			
能源使用	1. 水笼头或水管有否漏水现象			
	2. 设备不使用时是否为停机或待机状态			
	3. 节省水电的宣传标识是否明确			
	4. 复印纸是否双面打印/复印			

续表

项目	检查内容	检查结果	异常处置	备注
消防设施管理	1. 消防栓及灭火器是否定期检查			
	2. 消防设施是否保持可用状态			
环境管理意识	1. 相关方到工厂服务是否已了解并满足我厂环境管理要求			
	2. 员工是否了解工厂方针			
	3. 员工是否了解与之有关的环境法规要求			
	4. 员工是否支持工厂进行环境管理			
	5. 员工是否了解环境管理的必要性			
备注：每月调查一次，本表填写好后交人事行政部保管。				
检查：		确认：		

（2）合规性评价

组织应建立、实施并保持评价其合规义务履行情况所需的过程。

组织应：

- 确定实施合规性评价的频次。
- 评价合规性，必要时采取措施。
- 保持其合规情况的知识和对其合规情况的理解。

组织应保留文件化信息，作为合规性评价结果的证据。

【理解】

1. 对应 2004 版 4. 5. 2。

2. 要建立合规性评价程序，明确合规性评价的时机、相关人员、评价方式、相关证据。

3. 合规性评价的证据要留下来。具体如表 4 – 21 所示。

表 4－21　环保法律法规与其他要求合规性评价表

日期：

序号	法律法规名称	条文		法律法规要求	现状说明	符合法规		备注
		章	条			是	否	
1	中华人民共和国环境保护法	四	41	建设项目中防治污染的设施，应当与主体工程同时设计、同时施工、同时投产使用。防治污染的设施应当符合经批准的环境影响评价文件的要求，不得擅自拆除或者闲置	关于公司环境影响报告登记表	Y		
			42	排放污染物的企业事业单位和其他生产经营者，应当采取措施，防治在生产建设或者其他活动中产生的废气、废水、废渣、医疗废物、粉尘、恶臭气体、放射性物质以及噪声、振动、光辐射、电磁辐射等对环境的污染和危害	有控制措施	Y		
			43	排放污染物的企业事业单位和其他生产经营者，应当按照国家有关规定缴纳排污费。排污费应当全部专项用于环境污染防治，任何单位和个人不得截留、挤占或者挪作他用	有缴纳	Y		
			45	国家依照法律规定实行排污许可管理制度	有办理许可证 f	Y		
			46	国家对严重污染环境的工艺、设备和产品实行淘汰制度。任何单位和个人不得生产、销售或者转移、使用严重污染环境的工艺、设备和产品	目前无该类设备	Y		
4	关于在非必要场所停止再配置哈龙灭火器的通知		1	在非必要用使用哈龙的场所，一律不准新配置哈龙灭火器	公司全部采用 ABC 灭火器	Y		

续表

序号	法律法规名称	条文		法律法规要求	现状说明	符合法规		备注
		章	条			是	否	
5	广东省排放污染物许可证管理办法（执行）		2	**第二条** 在本省行政区域内有下列排放污染物行为的排污单位，应当取得排污许可证： （一）排放大气污染物的； （二）排放工业废水、医疗污水以及含重金属、病原体等有毒有害物质的其他废水和污水的； （三）在城镇、工业园区或者开发区等运营污水集中处理设施的； （四）经营规模化畜禽养殖场的； （五）其他依法应当取得排污许可证的行为		Y		
6	建设项目环境保护管理条例	二	6	国家实行建设项目环境影响评价制度。建设项目的环境影响评价工作，由取得相应资格证书的单位承担		Y		
			7	国家根据建设项目对环境的影响程度，按照下列规定对建设项目的环境保护实行分类管理：（一）建设项目对环境可能造成重大影响的，应当编制环境影响报告书，对建设项目产生的污染和对环境的影响进行全面、详细的评价；（二）建设项目对环境可能造成轻度影响的，应当编制环境影响报告表，对建设项目产生的污染和对环境的影响进行分析或者专项评价；（三）建设项目对环境影响很小，不需要进行环境影响评价的，应当填报环境影响登记表。建设项目环境保护分类管理名录，由国务院环境保护行政主管部门制订并公布		Y		

续表

序号	法律法规名称	条文		法律法规要求	现状说明	符合法规		备注
		章	条			是	否	
6	建设项目环境保护管理条例	二	12	建设项目环境影响报告书、环境影响报告表或者环境影响登记表经批准后，建设项目的性质、规模、地点或者采用的生产工艺发生重大变化的，建设单位应当重新报批建设项目环境影响报告书、环境影响报告表或者环境影响登记表		Y		
			15	建设单位编制环境影响报告书，应当依照有关法律规定，征求建设项目所在地有关单位和居民的意见		Y		
		三	20	建设项目竣工后，建设单位应当向审批该建设项目环境影响报告书、环境影响报告表或者环境影响登记表的环境保护行政主管部门，申请该建设项目需要配套建设的环境保护设施竣工验收		Y		
7	关于加强外商投资建设项目环境保护管理的通知		1	外商在我国境内投资建设必须遵守我国的环境保护法律，法规和有关规定，防治环境污染和生态破坏，接受环境保护行政主管部门的监督管理，外商投资建设项目应符合国家环境保护技术政策和有关要求		Y		
			2	严格控制从国外引进严重污染环境又难以治理的原材料、产品、工艺和设备，防止国外污染源向我国转移 禁止引进严重污染、破坏环境无有效治理措施并且污染物排放超过国家规定标准的项目，限制引进可能造成严重污染，破坏环境或治理困难的项目	没有引进污染项目/设备	Y		

续表

序号	法律法规名称	条文		法律法规要求	现状说明	符合法规		备注
		章	条			是	否	
7	关于加强外商投资建设项目环境保护管理的通知		3	凡对环境有影响的外商投资建设必须遵守我国建设项目环境保护管理规定，执行环境影响报告书的审批制度……	按法规要求执行	Y		
			4	外商投资建设项目的环境保护设施应以环境影响报告书（表）及审批意见为依据，并按《建设项目环境保护设计规定》进行设计，执行防治污染及其他保护环境的设施与方体工程同时设计，同时施工，同时投产使用（下称“三同时”）制度。项目建成后，其污染排放必须达到国家和地方规定的标准，实行污染物总量控制的地区，还应符合当地污染物排放总量控制的要求	参考序号1的内容	Y		
8	广东省建设项目环境保护管理条例	一	3	凡从事本条例第二条所列项目的建设必须执行建设项目环境影响报告的报审制度；必须执行防治污染及其他保护环境的设施与主体工程同时设计、同时施工、同时投产使用（下称“三同时”）的制度。 项目建成后，其污染物排放必须符合国家或地方规定的标准和环境保护有关法律、法规的要求；其绿化面积和生态保护必须达到国家或地方规定的要求	参考序号1的内容	Y		
9	中华人民共和国水污染防治法（2008）	三	17	新建、改建、扩建直接或者间接向水体排放污染物的建设项目和其他水上设施，应当依法进行环境影响评价	符合法规要求	Y		

续表

序号	法律法规名称	条文		法律法规要求	现状说明	符合法规		备注
		章	条			是	否	
9	中华人民共和国水污染防治法（2008）	三	29	禁止向水体排放油类、酸液、碱液或者剧毒废液。 禁止在水体清洗装贮过油类或者有毒污染物的车辆和容器	没有排放此类液体	Y		
			33	禁止向水体排放、倾倒工业废渣、城镇垃圾和其他废弃物 禁止将含有汞、镉、砷、铬、铅、氰化物、黄磷等的可溶性剧毒废渣向水体排放、倾倒或者直接埋入地下 存放可溶性剧毒废渣的场所，应当采取防水、防渗漏、防流失的措施	公司没有使用剧毒化学物质	Y		
10	中华人民共和国水污染防治实施细则（2000）	二	4	向水体排放污染物的企业事业单位，必须向所在地的县级以上地方人民政府环境保护部门提交《排污申报登记表》 企业事业单位超过国家规定的或者地方规定的污染物排放标准排放污染物的。在提交《排污申报登记表》时，还应当写明超过污染物排放标准的原因及限期治理措施		Y		
12	广东省地表水环境功能区划（2011）		3	环境保护部门依据《地表水环境质量标准（GHZBI-1999）》，实施水域分类管理I类水环境质量功能区，主要指集中式饮用水水源地……	属I类标准	Y		
13	东莞市饮用水源污染防治规定（1992）	三	20	在饮用水源一级保护区范围内： （1）不得新建、扩建、改建、第一类第二类污染型建设项目 （2）禁止利用渗坑、渗井、裂隙、溶洞等排放污水和其他有害的废气物	没有	Y		

续表

序号	法律法规名称	条文		法律法规要求	现状说明	符合法规		备注
		章	条			是	否	
13	东莞市饮用水源污染防治规定（1992）	三	21	在饮用水源保护区内，任何单位和个人不得开荒、破坏植被和非更新性砍伐水源林、护岸林	公司位于非饮用水保护区内。	Y		
			25	直接或间接向饮用水体排放污染物的单位和个体工商户，都应采取有效的防治污染措施。污染物的排放必须符合省规定的标准	公司位于非饮用水保护区内	Y		
14	东莞市水污染物排放许可证管理办法（1995）	二	5	排污单位必须如实填写《排污申报登记表》，报市环保部门审查核实，符合填表规范的，予以登记	不存在排污申报范围的排污	Y		
		三	6	排污单位在排污许可证或临时排污许可证核定的内容发生重大改变时，应在改变前 15 天，到市环保部门申请，履行变更登记手续	不存在排污申报范围的排污	Y		
			7	实施排污许可证的单位，必须在污源申报登记的基础上，向市环保部门申领《排污许可证》，禁止无证排放污染物	不存在排污申报范围的排污	Y		
15	中华人民共和国大气污染防治法（2015）	三	18	企业事业单位和其他生产经营者建设对大气环境有影响的项目，应当依法进行环境影响评价、公开环境影响评价文件；向大气排放污染物的，应当符合大气污染物排放标准，遵守重点大气污染物排放总量控制要求		Y		
16	汽车排气污染监督管理办法（2010）	三	14	在用汽车排气污染必须达到国家规定的排放标准	所有汽车均按规定年检	Y		

续表

序号	法律法规名称	条文		法律法规要求	现状说明	符合法规		备注
		章	条			是	否	
17	广东省机动车排气污染防治条例（2010）		11	在用机动车实行环保检验合格标志管理制度。县级以上环境保护主管部门根据机动车排气污染定期检测合格证明，按照国家相关标准免费发放环保检验合格标志。对持有机动车排气污染定期检测合格证明的，环境保护主管部门在发放环保检验合格标志时不得要求其另行检测。禁止伪造、变造机动车环保检验合格标志。禁止使用转让、转借、伪造、变造的机动车环保检验合格标志或者冒用其他车辆的环保检验合格标志	公司所有汽车排放均符合法规要求	Y		
			13	禁止生产、销售、进口超过国家规定的污染物排放标准或者国家已明令淘汰的机动车及车用发动机	目前公司所有机动车排放均符合规定	Y		
			14	禁止生产、销售、进口不符合国家或者地方标准的车用燃料	公司全部采用无铅汽油	Y		
18	东莞市机动车排气污染防治规定（1999）		5	使用机动车的单位和个人应当加强对机动车的保养和维修，用机动车的发动机排放装置应当保持正常的技术状态，凡不符合国家规定的排放标准的机动车，不得上路行驶	公司所有汽车排放均符合法规要求	Y		
19	中华人民共和国固体废物污染环境防治法（2015）	二	13	建设产生固体废物的项目以及建设贮存、利用、处置固体废物的项目，必须依法进行环境影响评价，并遵守国家有关建设项目环境保护管理的规定	不存在排污申报范围的排污	Y		

续表

序号	法律法规名称	条文		法律法规要求	现状说明	符合法规		备注
		章	条			是	否	
19	中华人民共和国固体废物污染环境防治法（2015）	三	30	产生工业固体废物的单位应当建立、健全污染环境防治责任制度，采取防治工业固体废物污染环境的措施	公司已在作业中执行此要求	Y		
			33	企业事业单位应当根据经济、技术条件对其产生的工业固体废物加以利用；对暂时不利用或者不能利用的，必须按照国务院环境保护行政主管部门的规定建设贮存设施、场所，安全分类存放，或者采取无害化处置措施。 建设工业固体废物贮存、处置的设施、场所，必须符合国家环境保护标准	依规定办理。（垃圾集中收集后交村头工业区）	Y		
20	东莞市固体废物污染环境防治规定（1997）		13	产生固体废物和从事固体废物收集、运输、处置经营活动的单位和个人，应采取有效措施，防止固体废物污染环境，严禁擅自倾倒、堆放或露天焚烧固体废物。待处理的固体废物要妥善贮存，防止渗漏、流失、扩散	公司工业固体废弃物已按法规要求处理	Y		
			17	产生危险固体废物的单位和个人应建立危险废物管理档案，记明危险废物的种类、数量、处理方式，由专人负责收集、管理和处置	公司工业固体废弃物已按法规要求处理，参见处理五联单	Y		正在寻找

续表

序号	法律法规名称	条文		法律法规要求	现状说明	符合法规		备注
		章	条			是	否	
21	关于加强化学危险物品管理的通知（1999）		6	化学危险物品的储存，特别是剧毒物品的储存，要配有固定的符合安全环保要求，具有防盗功能的储存场所；要建立严格的出入库登记和销售登记制度。作为生产原料的化学危险物品储存还要执行国家经贸委、国家质量技术监督局、国家石油和化学工业局的有关规定。经营性的集中化学危险物品储存设施，应向环保部门报告储存的品种、数量和污染防治措施	公司已有专门化学品储存地方	Y		
			11	废弃、过期的化学危险物品及使用过的化学危险物品包装容器必须妥善保管，不得随意抛弃，依照危险废物的处置标准进行处置	公司所有化学品废弃物处理均按法规要求进行，参见处理五联单	Y		正在寻找
22	关于颁布《国家危险废物名录》通知（2008）			（1）有机溶剂废物：废催化剂，清洗剥离物，吸附物与载体废物 （2）废矿物油：废机油、液压油、真空泵油、柴油、汽油、煤油、热处理油、润滑油、冷却油。 （3）废乳化液：废皂液、乳化油、水混合物、切削剂、冷却剂、润滑油 （4）染料、涂料废物：废酸性染料、环气树脂涂料、油墨 （5）废酸：废硫酸、盐酸 （6）废龄：废气氧化钠 （7）有机溶剂废物：丙酮、清洗剥离物、吸附物与载体废物	公司目前使用这类危险化学品，且对其有控制（具体见化学危险品清单）	Y		

续表

序号	法律法规名称	条文		法律法规要求	现状说明	符合法规		备注
		章	条			是	否	
23	中国禁止或严格限制的有毒化学品名录（第一批 1998）				公司没有使用中国禁止或严格限制的有毒化学品名录（第一批）上的化学品	Y		
24	中华人民共和国环境噪声污染防治法（1997）	二	13	建设项目可能产生环境噪声污染的，建设单位必要提出环境影响报告书，规定环境噪声污染的防止措施，并按照国家规定的程序报环境保护行政主管部门批准。环境影响报告书中，应当有该建设项目所在地单位和居民的意见	参考序号 1 的内容	Y		
		三	25	产生环境噪声污染的工业企业，应当采取有效措施，减轻噪声对周围生活环境的影响	公司噪声达标排放，对周围生活环境没有影响（见监测报告）	Y		
25	关于加强社会生活噪声污染管理的通知（1999）		3	禁止任何单位和个人在城市市区噪声敏感建筑物集中区域内使用高音喇叭；禁止在商业经营活动中使用高音喇叭或其他发出高噪声的方法招揽顾客；禁止在城市市区街道、广场、公园等公共场所组织的娱乐、集会等活动中，使用音量过大、严重干扰周围生活环境的音响器材；在已交付使用的住宅楼进行室内装修活动时，严禁施工人员在夜间和午间休息时间进行噪声扰民作业	公司没有使用高音喇叭	Y		

续表

序号	法律法规名称	条文		法律法规要求	现状说明	符合法规		备注
		章	条			是	否	
26	广东省实施《中华人民共和国环境噪声污染防治法》办法（2010）		5	产生环境噪声的建设项目的动工建设、投产使用，必须报经环境保护行政主管部门审查同意。建设项目需要配套的环境噪声污染防治设施没有建成或者没有达到国家规定要求的，不得投入生产或者使用	参考序号1的内容	Y		
			22	机动车辆产生的噪声必须符合国家规定的机动车辆噪声排放标准。本办法颁布后需领取车辆行驶证的机动车，超过噪声排放标准的，公安机关不予办理车辆行驶证；对超过噪声排放标准的机动车，公安机关不予办理年审。机动车辆的噪声监测应由车辆噪声监测机构承担。车辆噪声监测机构应将机动车辆噪声监测结果报送同级环境保护行政主管部门，并接受其监督。公司机动车辆噪声达标排放		Y		年检证复印件
			28	在经营活动中使用空调器、冷却塔、抽风机、发电机、水泵、音响设施或其他产生噪声污染的设备的，必须采取有效的措施，使其边界的噪声不超过国家规定的噪声排放标准	公司噪声达标排放（见监测报告）	Y		
27	东莞市环境噪声污染防治规定（1996）	二	16	生产者和经营者向周围环境排放噪声，应当符合国家规定的环境噪声厂（场）界排放标准。没有明显厂（场）界标志的，以规划用地红线或两个厂房（场所）之间的中心线为厂（场）界	公司噪声达标排放（见监测报告）	Y		

续表

序号	法律法规名称	条文		法律法规要求	现状说明	符合法规		备注
		章	条			是	否	
28	广东省征收超标费实施办法（1998）		5	排污单位应在每月 10 日前向所在地环保部门申报上月排放污染物的种类、数量和浓度（或按物料衡算法申报排污量），经监理机构核定后，作为征收排污费的依据。排污单位不按时申报的，监理现构按核定的数据征收。排污单位申报的数据与监理机构核定的数据不一致时，按监理机构核定的数据缴纳排污费。		Y		
29	中华人民共和国消防法（2009）		5	任何单位和个人都有维护消防安全、保护消防设施、预防火灾、报告火警的义务。任何单位和成年人都有参加有组织的灭火工作的义务。	公司已成立义务消防队	Y		
			19	生产、储存、经营易燃易爆危险品的场所不得与居住场所设置在同一建筑物内，并应当与居住场所保持安全距离。生产、储存、经营其他物品的场所与居住场所设置在同一建筑物内的，应当符合国家工程建设消防技术标准。	公司有完全隔离的独立宿舍	Y		
			22	生产、储存、装卸易燃易爆危险品的工厂、仓库和专用车站、码头的设置，应当符合消防技术标准。易燃易爆气体和液体的充装站、供应站、调压站，应当设置在符合消防安全要求的位置，并符合防火防爆要求。已经设置的生产、储存、装卸易燃易爆危险品的工厂、仓库和专用车站、码头，易燃易爆气体和液体的充装站、供应站、调压站，不再符合前款规定的，地方人民政府应当组织、协调有关部门、单位限期解决，消除安全隐患。		Y		

续表

序号	法律法规名称	条文		法律法规要求	现状说明	符合法规		备注
		章	条			是	否	
29	中华人民共和国消防法（2009）		23	生产、储存、运输、销售、使用、销毁易燃易爆危险品，必须执行消防技术标准和管理规定。进入生产、储存易燃易爆危险品的场所，必须执行消防安全规定。禁止非法携带易燃易爆危险品进入公共场所或者乘坐公共交通工具。储存可燃物资仓库的管理，必须执行消防技术标准和管理规定		Y		
30	危险化学品安全管理条例（2011）		2	危险化学品生产、储存、使用、经营和运输的安全管理，适用本条例 废弃危险化学品的处置，依照有关环境保护的法律、行政法规和国家有关规定执行	参见《化学品管理程序》《化学品储存管理作业指引》。	Y		
			4	危险化学品安全管理，应当坚持安全第一、预防为主、综合治理的方针，强化和落实企业的主体责任。生产、储存、使用、经营、运输危险化学品的单位（以下统称危险化学品单位）的主要负责人对本单位的危险化学品安全管理工作全面负责。危险化学品单位应当具备法律、行政法规规定和国家标准、行业标准要求的安全条件，建立、健全安全管理规章制度和岗位安全责任制度，对从业人员进行安全教育、法制教育和岗位技术培训。从业人员应当接受教育和培训，考核合格后上岗作业；对有资格要求的岗位，应当配备依法取得相应资格的人员	公司对危险化学品实行集中统一管理	Y		

续表

序号	法律法规名称	条文		法律法规要求	现状说明	符合法规		备注
		章	条			是	否	
30	危险化学品安全管理条例（2011）		13	生产、储存危险化学品的单位，应当对其铺设的危险化学品管道设置明显标志，并对危险化学品管道定期检查、检测。进行可能危及危险化学品管道安全的施工作业，施工单位应当在开工的7日前书面通知管道所属单位，并与管道所属单位共同制定应急预案，采取相应的安全防护措施。管道所属单位应当指派专门人员到现场进行管道安全保护指导	公司没有使用国家明令禁止的危险化学品	Y		
			15	危险化学品生产企业应当提供与其生产的危险化学品相符的化学品安全技术说明书，并在危险化学品包装（包括外包装件）上粘贴或者拴挂与包装内危险化学品相符的化学品安全标签。化学品安全技术说明书和化学品安全标签所载明的内容应当符合国家标准的要求。危险化学品生产企业发现其生产的危险化学品有新的危险特性的，应当立即公告，并及时修订其化学品安全技术说明书和化学品安全标签	公司目前使用的危险化学品是常用危险化学品，不须使用许可，公司对危险化学品实行集中统一管理，参见《化学品管理程序》《化学品储存管理作业指引》	Y		

续表

序号	法律法规名称	条文		法律法规要求	现状说明	符合法规		备注
		章	条			是	否	
30	危险化学品安全管理条例（2011）		20	生产、储存危险化学品的单位，应当根据其生产、储存的危险化学品的种类和危险特性，在作业场所设置相应的监测、监控、通风、防晒、调温、防火、灭火、防爆、泄压、防毒、中和、防潮、防雷、防静电、防腐、防泄漏以及防护围堤或者隔离操作等安全设施、设备，并按照国家标准、行业标准或者国家有关规定对安全设施、设备进行经常性维护、保养，保证安全设施、设备的正常使用。生产、储存危险化学品的单位，应当在其作业场所和安全设施、设备上设置明显的安全警示标志。	公司对危险化学品实行集中统一管理，参见《化学品管理程序》《化学品储存管理作业指引》	Y		
			21	生产、储存危险化学品的单位，应当在其作业场所设置通信、报警装置，并保证处于适用状态。	公司现有储存条件不能完全满足此要求，正在整改之中	Y		
			22	生产、储存危险化学品的企业，应当委托具备国家规定的资质条件的机构，对本企业的安全生产条件每3年进行一次安全评价，提出安全评价报告。安全评价报告的内容应当包括对安全生产条件存在的问题进行整改的方案。生产、储存危险化学品的企业，应当将安全评价报告以及整改方案的落实情况报所在地县级人民政府安全生产监督管理部门备案。在港区内储存危险化学品的企业，应当将安全评价报告以及整改方案的落实情况报港口行政管理部门备案。				

续表

序号	法律法规名称	条文		法律法规要求	现状说明	符合法规		备注
		章	条			是	否	
31	水污染排入物排放限值（DB 44/26－2001）			pH：6～9 SS：70≤mg/L COD≤100 mg /L 动植物油：10≤mg /L	污水排放监测值详见监测报告	Y		
32	大气污染排放限值（44/27－2001）			公司无		Y		
33	饮食业油排放标准 GB18483－2001			公司无		Y		
34	工业企业厂界噪声标准（GB 12348－2008）		1	11 类标准：昼间≤60dB（A）、夜间≤50dB（A）	公司噪音排放详见噪音监测报告	Y		
35	危险废物转移联单管理办法（2008）		4	危险废物产生单位在转移危险废物前，须按照国家有关规定报批危险废物转移计划；经批准后，产生单位应当向移出地环境保护行政主管部门申请领取联单。		Y		
			5	危险废物产生单位每转移一车、船（次）同类危险废物，应当填写一份联单。每车、船（次）有多类危险废物的，应当按每一类危险废物填写一份联单				

续表

序号	法律法规名称	条文		法律法规要求	现状说明	符合法规		备注
		章	条			是	否	
35	危险废物转移联单管理办法（2008）		6	危险废物运输单位应当如实填写联单的运输单位栏目并加盖公章。经交付危险废物运输单位核实验收签字后，将联单第一联副联自留存档，将联单第二联交移出地环境保护行政主管部门，联单第一联正联及其余各联交付运输单位随危险废物转移运行				
			7	危险废物运输单位应当如实填写联单的运输单位栏目。按照国家有关危险物品运输的规定，将危险废物安全运抵联单载明的接收地点，并将联单第一联、第二联副联、第三联、第四联、第五联随转移的危险废物交付危险废物接受单位.				
			10	联单保存期限为五年；贮存危险废物的，其联单保存期限与危险废物贮存期限相同				
36	2011/65/EC			铅，汞，六价铬，PBB，PBDE≤1000PPM，镉≤100PPM		Y		
37	客户化学物质管理基准			详见《客户化学物质管理基准》文件夹		Y		
38	中华人民共和国节约能源法（2008）	2	17	禁止生产、进口、销售国家明令淘汰或者不符合强制性能源效率标准的用能产品、设备；禁止使用国家明令淘汰的用能设备、生产工艺	无	Y		
		3	31	国家鼓励工业企业采用高效、节能的电动机、锅炉、窑炉、风机、泵类等设备，采用热电联产、余热余压利用、洁净煤以及先进的用能监测和控制等技术	无	Y		

9.2　内部审核

（1）总则

组织应按计划的时间间隔实施内部审核，以提供下列环境管理体系的信息：

- 是否符合：组织自身环境管理体系的要求；本标准的要求；

是否得到了有效的实施和保持。

（2）内部审核方案

组织应建立、实施并保持一个或多个内部审核方案，包括实施审核的频次、方法、职责、策划要求和内部审核报告。

建立内部审核方案时，组织必须考虑相关过程的环境重要性、影响组织的变化及以往审核的结果。

组织应：

- 规定每次审核的准则和范围。
- 选择审核员并实施审核，确保审核过程的客观性与公正性。
- 确保向相关管理者报告审核结果。

组织应保留文件化信息，作为审核方案实施和审核结果的证据。

【理解】

1. 对应 2004 版本 4. 5. 5。

2. 要留下审核方案，审核过程的证据，如审核计划、审核记录、不符合报告、审核总结报告，与老版本没有多大差异。

9.3　管理评审

最高管理者应按计划的时间间隔对组织的环境管理体系进行评审，以确保其持续的适宜性、充分性和有效性。

管理评审应包括对下列事项的考虑：

（1）以往管理评审所采取措施的状况。

（2）以下方面的变化：

- 与环境管理体系相关的内外部问题。
- 相关方的需求和期望，包括合规义务。
- 其重要环境因素。
- 风险和机遇。

（3）环境目标的实现程度。

（4）组织环境绩效方面的信息，包括以下方面的趋势：

- 不符合和纠正措施。
- 监视和测量的结果。
- 其合规义务的履行情况。
- 审核结果。

（5）资源的充分性。

（6）来自相关方的有关信息交流，包括抱怨。

（7）持续改进的机会。

管理评审的输出应包括：

（1）对环境管理体系的持续适宜性、充分性和有效性的结论。

（2）与持续改进机会相关的决策。

（3）与环境管理体系变更的任何需求相关的决策，包括资源。

（4）环境目标未实现时需要采取的措施。

（5）如需要，改进环境管理体系与其他业务过程融合的机遇。

（6）任何与组织战略方向相关的结论。

组织应保留文件化信息，作为管理评审结果的证据。

【理解】

1. 等同2004版本4.6条款。

2. 管理评审计划、评审资料、评审决议要留下证据。

3. 管理评审要评审的内容：外部环境问题沟通，合规性责任的变化，环境威胁与机遇变化，重要环境因素变化，环境目标实现程度，监视与测量结果，合规性责任遵守，内外审核结果，资源的充分性，持续改进的机会。

（十）改进

10.1 总则

组织应确定改进的机会（见9.1、9.2 和9.3），并实施必要的措施实现其环境管理体系的预期结果。

10.2 不符合和纠正措施

发生不符合时，组织应：

（1）对不符合做出响应，适用时：

- 采取措施控制并纠正不符合。
- 处理后果，包括减轻有害的环境影响。

（2）通过以下方式评价消除不符合原因的措施需求，以防止不符合的情况再次发生或在其他地方发生：

- 评审不符合。
- 确定不符合的原因。
- 确定是否存在或是否可能发生类似的不符合。

（3）实施任何所需的措施。

（4）评审所采取的任何纠正措施的有效性。

（5）必要时，对环境管理体系进行变更。

纠正措施应与所发生的不符合造成影响（包括环境影响）的重要程度

相适应。

组织应保留文件化信息作为下列事项的证据：

（1）不符合的性质和所采取的任何后续措施。

（2）任何纠正措施的结果。

10.3　持续改进

组织应持续改进环境管理体系的适宜性、充分性与有效性，以提升环境绩效。

【理解】

1. 等同2004版本4.5.3条款。这一条款要留下文件化信息，即纠正预防措施单。

2. 出现不合格、不符合情况，先要启动应急措施，然后再横向展开，举一反三，从根本上解决问题。

3. 在以下情况要提升纠正措施要求：平时环境检查发现不符合，合规性评审发现不符合，内审，管理评审，环境检测，目标统计与追踪，相关方投诉。

4. 体系改善通过纠正预防措施、内审、管理评审、合规性评审、监视与测量来寻找持续改进的机会。

5. 提供的证据：纠正措施报告、内审记录、管理评审记录、合规性评审记录、监视与测量证据。

表4－22为某厂的环境异常处理单。

表 4－22 某厂环境异常处理单

日期： 年 月 日 编号：

<table>
<tr><td rowspan="5">发现人填写</td><td colspan="2">异常发生</td><td rowspan="5">异常现象简述：

部门主管： 单位组长确认：</td></tr>
<tr><td>单位</td><td></td></tr>
<tr><td>区域</td><td></td></tr>
<tr><td>发现时间</td><td></td></tr>
<tr><td>发现人</td><td></td></tr>
<tr><td rowspan="2">现场人员及相关人员填写</td><td colspan="3">紧急处理说明：

处理结果：

处理人： 处理时间：</td></tr>
<tr><td colspan="3">分析原因：

单位主管： 填写人： 填写时间：</td></tr>
<tr><td>责任单位填写</td><td colspan="3">再发改善对策：（注明实施日期）

□依环安危险因子鉴别及评估程序再进行危害鉴别与风险评估。
□矫正措施可有效降低异常状况的风险。 部门主管： 单位主管：</td></tr>
<tr><td>会签意见</td><td colspan="3">相关单位会签：</td></tr>
</table>

续表

<table>
<tr><td rowspan="6">稽核追踪人填写</td><td colspan="3">改善效果及效果追踪确认（至少追踪 2 周）每周一次</td><td rowspan="5">效果确认：

人事行政部：　日期：</td></tr>
<tr><td>周别</td><td>日期</td><td>追踪记录</td></tr>
<tr><td></td><td></td><td></td></tr>
<tr><td></td><td></td><td></td></tr>
<tr><td></td><td></td><td></td></tr>
<tr><td colspan="4">改善措施是否标准化：　□是；□否
预防措施是否实施：　□是；□否
总经理：　管理代表：　人事行政部：　日期：</td></tr>
</table>

文件编号：FMHS06A

ISO14001：2015新版环境管理体系详解与案例文件汇编

五

实施ISO14001：2015的常见问题

（1）2015 版主要有哪些变化？

答：ISO14001：2014 将引入术语“生命周期角度（Life Cycle Perspective)”，要求组织从产品和服务的生命周期开始直至结束都要对它们予以关注。

它同时结合了组织如何控制其外包过程（Outsourced Processes）的要求。要做到这一点，组织需要确定哪些是他们能够控制或能施加影响的，然后通过管理体系来应用适当的控制措施和施加影响。组织还需要关注其产品或服务在生命周期结束时的处理和处置，这也将扩展到设计等领域。因为组织设计新产品时，从该产品或服务的生命周期角度出发，他们需要评审产品设计，以便了解他们可以从哪些方面来改善其环境绩效。

标准的另一个重要内容是沟通（Communication）——对内沟通和对外沟通。尽管 ISO14001：2004 版对此已有覆盖，但组织现在被要求制定沟通流程，从而确定他们应沟通什么内容、什么时候进行沟通以及与谁沟通。

（2）删除管理代表，如何理解与运用？

答：管理代表可要，也可不任命。但总经理的职责必须明确，其要参与到环境管理当中来。

（3）如何切换成 2015 版本？

答：环境手册要改，按 2015 版本改变结构或删除这个文件，另外做一个纲领性文件，明确组织架构、认证范围、部门职责等。程序文件不要增加，环境因素要考虑更广范围，包括生命周期的环境因素，如洪涝灾害、缺水、国家鼓励清洁生产、地震等可能造成的环境影响。

（4）新版本什么时候可认证？2004 版本还有效吗？

答：预计 2016 年 8 月以后可全国范围认证 2015 版本，2004 版本有效期到 2017 年底。

（5）如何理解生命周期？要提供什么证据？

答：生命周期指产品从原材料到半成品、成品、报废、周转、运输、储存、维修和保养整个过程。主要在环境因素识别时要考虑环境影响，如做电吹风的厂，要考虑电吹风的材料是否环保，供应商运输符合法律要求，材料、成品储存产生火灾，电吹风维修产生的材料报废，电吹风报废产生废弃物对土壤与水体影响等。

（6）新版本在环境策划时，要考虑风险与机遇，这个如何理解，要提供什么证据?

答：风险指产生环境影响的一些不确定因素，如地震、火灾、洪涝、干旱、政府环保政策等。

在环境因素识别时，要考虑到一些战略环境管理的因素，如政府环保政策、地震、洪水发生可能产生的环境影响。

（7）新版本对外包方管理加严了，这个要如何做?

答：外包方指帮公司运输的、帮企业装修的、建筑的、送货过来的供应商等，都要纳入环境管理，如控制噪音、粉尘，建筑垃圾的处理等。针对重要供应商，也要其推行ISO14001体系，不断改善环境绩效。

六 需要形成可追溯的（记录与证据）文件化信息

（1）4.3. 环境管理体系的范围。这个范围应以文件形式予以维持，并为相关方获取。

（2）5.2. 环境方针。环境方针应保持文件化信息。

（3）6.1.1. 处理风险与机遇的措施文件与证据。

组织应保持：

- 需要应对的风险和机遇的文件化信息；
- 6.1.1 至6.1.4 中所需过程的文件化信息，其程度应足以确信这些过程按策划实施。

（4）6.1.2. 环境因素评价准则文件，环境因素评价表，重要环境因素清单。

组织应保持以下内容的文件化信息：

- 环境因素及相关环境影响；
- 用于确定其重要环境因素的准则；
- 重要环境因素。

（5）6.1.3 法律法规与相关方要求摘录。组织应保持其合规义务的文件化信息。

（6）6.2.1 环境目标。组织应保持环境目标的文件化信息。

（7）7.2 环境相关人员能力证据。组织应保留适当的文件化信息作为能力的证据。

（8）7.4.1 环境相关方沟通文件与记录，培训记录。适当时，组织应保留文件化信息，作为其信息交流的证据。

（9）7.5.3 文件发行回收，变更证据。组织应识别已确定的来自外部的对环境管理体系策划和运行所需的文件化信息，适当时，应对其予以控制。

（10）8.1 运行控制相关证据，化学品使用记录，设备点检表，废弃物

处理记录等。组织应保持必要的文件化信息，以确信过程已按策划得到实施。

(11) 8.2 应急准备和响应相关证据，如消防演习记录。组织应保持必要的文件化信息，以确信过程按策划予以实施。

(12) 9.1.1 环境检测报告，环境运行检查记录，目标监视与测量记录。组织应保留适当的文件化信息，作为监视、测量、分析和评价结果的证据。

(13) 9.1.2 合规性评价会议记录。组织应保留文件化信息，作为合规性评价结果的证据。

(14) 9.2.2 内部审核记录。组织应保留文件化信息，作为审核方案实施和审核结果的证据。

(15) 9.3 管理评审记录。组织应保留文件化信息，作为管理评审结果的证据。

(16) 10.2 不符合与纠正措施记录。

组织应保留文件化信息作为下列事项的证据：

- 不符合的性质和所采取的任何后续措施；
- 任何纠正措施的结果。

七 ISO14001：2015内审员试题

ISO14001：2015 内部审核员培训考试试卷（I 卷）

总分：100 分　　　　　考试时间：60 分钟

姓名：　　　　　　　　　职务：　　　　　　　　　得分：

一、选择题（每题 3 分，共 45 分，每题均有 1 个或 1 个以上正确答案）

1. 关于环境管理体系的说法，正确的有：（ABC）

A. 是全面管理体系的一个部分；

B. 包括为制订、实施、实现、评审和维护环境方针所需的组织结构、策划活动、职责、操作惯例、程序、过程和资源；

C. 与质量管理体系有相当的兼容性；

D. 它不规定具体的环境行为要求。

2. 最高管理者应确保环境方针（ABCD）

A. 对持续改进和污染预防的承诺；

B. 遵守环境法律、法规及其他要求的承诺；

C. 为建立和评审环境目标和指标提供框架；

D. 形成文件，付诸实施，传达到全体员工，并可为公众所取得。

3. 关于环境目标和指标，正确的有（ABCD）

A. 应符合环境方针；

B. 应对污染预防做出承诺；

C. 建立目标和指标时，应考虑法律和其他要求；

D. 建立目标和指标时，应建立于每一有关职能和层次。

4. 制订环境管理方案时，应规定（ABC）

A. 实现环境目标和指标的职责；

B. 实现环境目标和指标的方法；

C. 实现环境目标和指标的时间表；

D. 某环境因素的排放量数值。

5. 环境管理体系内部审核的准则是（ABCD）

A. ISO14001 标准；

B. 适用于组织的环境法律、法规及其他要求；

C. 组织的环境管理手册和程序文件；

D. 组织的环境作业指导书及其他环境管理文件。

6. 内审员在实施环境审核前应准备哪些工作（ABC）

A. 充分熟悉 ISO14001 标准、程序文件和作业指导书；

B. 了解组织的重大环境因素和适用的法规要求；

C. 编写检查表和必要的表格文件；

D. 编写不合格报告和审核报告。

7. 一电子厂在车间审核时发现有一个用来测量污水 PH 值的 PH 计不在校准有效期内，它违反了 ISO14001 哪一条款（B）

A. 8. 1；　B. 9. 1. 1；　C. 7. 5. 1；　D. 7. 5. 3。

8. 在某公司审核时发现，由于仓管人员没有及时清理，仓库地面有漏油，判定为不符合 8. 1，其纠正措施应是哪一个（BC）

A. 立即清理油污；

B. 责成仓管人员日后不能离开岗位太久，一见油污立即清理；

C. 加强员工教育培训，严加管制；

D. 对该员工进行罚款。

9. 一线路板厂的有毒污泥运送处理工作未委托一家有当地政府核准的处理商，若其已违反环保法规，试问其违反了 ISO14001 中的哪一条款（D）

A. 7. 4. 2；　B. 7. 4. 3；　C. 9. 1. 2；　D. 8. 1。

10. 关于事实的可验证的信息、记录和陈述，是哪一个名词的定义（A）

A. 审核证据；　B. 审核发现；

C. 审核结论；　D. 审核准则。

11. 关于法规，以下哪些是 ISO14001 标准中规定要执行的（ABCD）

A. 识别法规；　　B. 取得法规；

C. 定期评估法规；　　D. 验证法规。

12. ISO14001 标准的核心是（ABC）

A. 持续改进；　　B. 污染预防；

C. 节能降耗；　　D. 提高品质。

13. 下面哪些可作为公司的环境指标（C）

A. 污染预防，节能降耗；

B. 减少 SO_2的排放量；

C. 从 2002 年 6 月起，每年节水 100 吨；

D. 以上答案均不恰当。

14. 组织应保存的环境记录有哪些（ABCD）

A. 仪器校准和维护记录；

B. 关于重大环境因素与外部联络及处理的相关记录；

C. 监测和测量记录；

D. 环境培训和环境内审记录。

15. 某公司火灾隐患被确定为一重大环境因素，对其控制的方法可以是（ABC）

A. 加强员工操作和应急措施培训；

B. 完善消防设施；

C. 定期演习；

D. 该情况发生可能性很小，无须进行控制。

二、填空题（每空 1 分，共 15 分）

1. 识别和评价环境因素时所指的“三时态”是指（过去）时、（现在）时和（将来）时；“三状态”是指（正常）状态、（异常）状态和

（紧急）状态。

2. 环境因素通常的表现形式有以下六类：大气排放、（水体排放）、（社区环境）、（土壤污染）、（材料能源消耗）和（废弃物产生）。

3. 在内部审核过程中或完成后通常会用到的表格有（内审通知单）、（内审检查表）、（不符合项报告）、（内审报告）。

三、简答题（共20分）

1. 试举三例食堂的环境因素（叙述要完整）（5分）。

食堂生活污水产生，食堂油烟产生，食堂厨房废弃物产生。

2. 试举两例环境目标和指标（5分）。

（1）节约用电，2016年比去年节约用电1度/万元产值。

（2）污水达标排放，2016年生活污染达到广东省生活污水排放标准第二时段一级标准。

3. 试写一份您所在部门的内审审核思路，找到审核线索，明确每个审核的审核要点，并针对其中一项不合格开一份不合格报告（本题满分10分）。

生产部审核思路：

（1）巡视现场，查看车间活动，调出车间环境因素清单与重要环境因素，查看环境因素识别有无遗漏。

（2）查看车间废弃物分类，放置是否违规，标示是否清楚。

（3）查看车间废气排放状况，调出外测报告是否合格。

（4）询问重要环境岗位人员，是否了解其职责及环境影响，调出岗位职责清单。查看环境因素，管理规定培训情况。

（5）查看各车间是否保存有化学品和油品，是否标示，MSDS（化学品安全技术说明书），二次容器盛装。

（6）查看车间的消防栓、灭火器配置是否合理，员工是否会用。

（7）查看用电用水设施是否在正常使用，员工是否有节能意识。

四、案例分析（每题满分 10 分，共 20 分；分析有无不合格，如有，请在不合格处画线，并指出不符合 ISO14001 标准哪一条款）。

1. 某公司内审时发现，其对于意外情况的环境因素都辨识为“非重大环境因素”，又根据所建立的识别方法及评分结果得知，考虑此因素时主要看其“有无保护和处理”。在现场发现有很多灭火器都过了有效期，且化学品储存地无防泄漏装置。

参考：

（1）是否为重大环境因素，主要看环境影响，而不是看是否意外。很多意外是重大环境因素，如火灾、漏油、化学品泄漏等。6.1.2。

（2）不管有无保护和处理，如果对环境可能造成影响，都可能是重大环境因素。如化学品泄漏，一般公司都有二次容器、消防沙、灭火器等保护装置，但还是重要环境因素。6.1.2。

（3）灭火器过了有效期，8.2. 运行控制失效，没有按应急环境管理规定执行。

（4）化学品储存无防泄漏，8.2 运行控制失效，没有按应急管理规定执行。

2. 查某公司“法规符合性记录表”时发现，所有申明都符合法规要求。进一步抽样却发现近日排放水记录 COD 已经超标多次。后发现该负责人手中的排放标准是旧版本，新版本的 COD 排放标准比旧版本要严格得多。

使用旧版本的排放标准，是法律法规识别有问题，没有及时更新要求，违反 6.1.3 合规义务要求。

八

ISO14001：2015 案例文件汇编

ISO14001：2015 一般情况下要形成文件清单，如表 8－1 所示。

表 8－1　ISO14001：2015 文件清单

条款号	文件清单
4.1 理解组织及其环境	纲领性文件
4.2 理解相关方的需求和期望	
4.3 确定环境管理体系范围	纲领性文件
4.4 环境管理体系	
5.1 领导作用和承诺	
5.2 环境方针	纲领性文件
5.3 组织的作用，职责和权限	纲领性文件、岗位职责
6.1 策划应对威胁和机遇相关风险的措施	
6.1.1 总则	
6.1.2 环境因素	环境因素程序
6.1.3 合规性责任	法律法规与其他要求合规性评价程序
6.1.4 策划应对措施	
6.2 策划达成环境目标	
6.2.1 环境目标	纲领性文件，环境目标指标管理方案
6.2.2 策划实现环境目标的措施	环境目标指标管理方案
7.1 资源	
7.2 能力	能力意识程序，任职资格
7.3 意识	能力意识程序
7.4 沟通	沟通程序
7.4.1 总则	
7.4.2 内部沟通	沟通程序
7.4.3 外部沟通	沟通程序
7.5 文件化信息	文件管理程序

续表

条款号	文件清单
7.5.1 总则	
7.5.2 编制与更新	记录程序
7.5.3 文件化信息的控制	文件管理程序
8.1 运行策划和控制	污水，噪音，废气，废弃物污染，能源资源管理，化学品油品管理，消防管理，食堂，宿舍管理，环保设施管理，仓库管理，相关方管理等文件
8.2 应急准备和响应	应急准备响应程序，应急预案
9.1 监视、测量、分析和评价	
9.1.1 总则	
9.1.2 合规性评价	评价程序
9.2 内部审核	内审程序
9.3 管理评审	管理评审程序
10.1 总则	
10.2 不符合与纠正措施	环境不符合纠正措施程序
10.3 持续改进	

（一） 环境纲领性文件

目 录

（5）标准条款与部门职能对照表

（6）环境方针

（7）组织架构

（8）部门职责

1. 序言

本环境管理纲领文件（以下简称本纲领文件）包含本公司的环境安全卫生管理系统、其适用范围及权责等。其目的为使本公司环境安全卫生管理之执行与落实有一致的依循准则，并作为第三者评鉴及向相关利害关系人说明本公司环境安全卫生管理系统之用。

本纲领文件由品管部编写，环境安全管理代表审核，经相关单位审查会签，由总经理核准后公布之。

本纲领文件依据 ISO14001：2015 标准所订定。本公司环境安全管理之相关作业程序均以本纲领文件为基准而展开。

本纲领文件相关环境安全卫生管理作业程序、其对应相关之作业规范等，均由相关单位审查、会签后公告之。品管单位负责本纲领文件之管制。

本公司将依本纲领文件所规范之事项，以世界级公司应有之环境安全责任，落实各项环境安全管理作业，遵循环境安全法令及其他要求之规范，以污染预防、危害预防之理念，承诺持续改善，为建立良好之职场安全及环境质量而努力。

2. 公司简介

公司中文名称：东莞市××电子科技有限公司（简称：××电子科技有限公司）

公司英文名称：×××Electronic Technology Co. Ltd

中文地址：中国广东省东莞市寮步镇竹园工业区

英文地址：ZHUYUAN INDUSTRIAL PARK，LIAOBU TOWN，DONG-GUAN CITY，GUANGDONG PROVINCE，CHINA

公司英文标志：

公司电话：（+86）-0769 82399896/82399897/82399969

公司传真：（+86）-0769 82399898

××电子科技有限公司于2010年1月在香港注册，2010年3月在广东省东莞市寮步镇竹园工业区投资建厂，其主要是专注于FFC讯号传输线等电子周边产品的研发、生产与销售。

自创立以来，公司基于对行业发展趋势的深刻理解及先进的制造工艺技术与经验，依托较强的机械及产品设计、模具开发及灵活转产的能力，陆续向国内外核心客户提供多品种、个性化、组合式的FFC讯号传输线产品。

公司在技术方面的优势在于拥有自主知识产权的技术和快速的新产品创新体系，并拟定管理信息化、组织扁平化、生产效率化、开发市场化、经营专业化五大方针，从而使公司快速成长为世界级高水平的FFC讯号线制造商之一。

公司FFC系列产品主要应用于DVD、扫描仪、笔记本计算机、数码相机、LCD MONITOR、LCD PANEL、PDA、MP3等电子周边产品。其FFC产品从导体细伸、导体压延到FFC成型生产、特殊加工等生产配有完善的流水线。公司的发展归功于人才的培养及新技术开发和应用，同时，为员工提供良好的发展空间及培训机会，建立激烈的人才竞争、激励机制，充分发掘人才的潜力，致力于公司与员工的共同发展。

公司沿革。公司创立于2010年，设厂在广东省东莞市寮步镇竹园工业区，定名为“××电子科技有限公司”，在其以机械自动化、模具、治具研发设计等基础上，转型从事尖端 FFC 柔性扁平线生产及销售的高新科技企业。

3. 名称解释

(1) 风险 (risk)：不确定性的影响。

注 1：影响指对预期的偏离——正面的或负面的。

注 2：不确定性是对某一事件、其后果或其可能性缺乏（包括部分缺乏）信息、理解或知识的状态。

注 3 ：风险通常被描述为潜在“事件”（见 GB/T23694 中的 4. 5. 1. 3 ）与“后果”（见 GB/T23694 中的 4. 6. 1. 3 ），或两者的结合。

注 4 ：风险通常以事件后果（包括环境的变化）与相关的事件发生的“可能性”（见 GB/T23694 中的 4. 6. 1. 1 ）的组合来表示。

(2) 风险和机遇 (risks and opportunities)：潜在的有害影响（威胁）和潜在的有益影响（机会）。

(3) 能力 (competence)：运用知识和技能实现预期结果的本领。

(4) 文件化信息 (documented information)：组织（2015 版，3. 1. 4）需要控制并保持的信息，以及承载信息的载体。

注 1：文件化信息可能以任何形式和承载载体存在，并可能来自任何来源。

注 2：文件化信息可能涉及：

- 环境管理体系（2015 版，3. 1. 2），包括相关过程（2015 版，3. 3. 5）。
- 为组织运行而创建的信息（可能被称为文件）。
- 实现结果的证据（可能被称为记录）。

(5) 生命周期 (life cycle)：产品（或服务）系统中前后衔接的一系列阶段，从自然界或从自然资源中获取原材料，直至最终处置。

注 1：生命周期阶段包括原材料获取、设计、生产、运输和（或）交付、使用、寿命结束后处理和最终处置。

（6）外包（outsource）：安排外部组织（2015 版，3.1.4）执行组织的部分职能或过程（2015 版，3.3.5）。

注 1：尽管外包的职能或过程在管理体系（2015 版，3.1.1）范围之内，但外部组织不在管理体系覆盖范围内。

（7）有效性（effectiveness）：实现策划的活动并取得策划的结果的程度。

（8）参数（indicator）：对运行、管理或状况的条件或状态的可度量的表述。

（来源：ISO14001 中的 3.15）

（9）监视（monitoring）：确定体系、过程（2015 版，3.3.5）或活动的状态。

注 1：为了确定状态，可能需要实施检查、监督或认真地观察。

（10）测量（measurement）：确定数值的过程（2015 版，3.3.5）。

（11）绩效（performance）：可度量的结果。

注 1：绩效可能与定量或定性的发现有关。

注 2：绩效可能与活动、过程（2015 版，3.3.5）、产品（包括服务）、体系或组织（2015 版，3.1.4）的管理有关。

（12）环境绩效（environmental performance）：与环境因素（2015 版，3.2.2）的管理有关的绩效（2015 版，3.4.10）。

注 1：对于一个环境管理体系（2015 版，3.1.2），可能依据组织（2015 版，3.1.4）的环境方针（2015 版，3.1.3）、环境目标（2015 版，3.2.6）或其他准则，运用参数（2015 版，3.4.7）来测量结果。

（13）合规义务（compliance obligations，首选的术语）：组织（2015 版，3.1.4）必须遵守的法律法规要求（2015 版，3.2.8），以及组织必须遵守或选择遵守的其他要求。

注 1：合规义务是与环境管理体系（2015 版，3. 1. 2 ）相关的。

注 2：合规义务可能来自于强制性要求，例如适用的法律和法规或来自于自愿性承诺，如组织的和行业的标准、合同规定、操作规程、与社团或非政府组织间的协议。

4. 体系范围

FFC 生产、加工、销售及相关管理活动，地址：中国广东省东莞市寮步镇竹园工业区××路××号，包括食堂与宿舍。

5. 标准条款与职责权限对照表

如表 8－2 所示。

表 8－2 标准条款与职责权限对照表

组织、部门环境安全管理要项	总经理	总务课	制造课	购买课	营业课	品管课	资材课	其他单位
4. 1 理解组织及其环境	●							
4. 2 理解相关方的需求和期望	●							
4. 3 确定环境管理体系范围	●							
4. 4 环境管理体系	●							
5. 1 领导作用和承诺	●							
5. 2 环境方针	●							
5. 3 组织的作用，职责和权限	●							
6. 1 策划应对威胁和机遇相关风险的措施		●						
6. 1. 1 总则		●						
6. 1. 2 环境因素		●						

续表

组织、部门环境安全管理要项	总经理	总务课	制造课	购买课	营业课	品管课	资材课	其他单位
6.1.3 合规性责任		●						
6.1.4 策划应对措施		●						
6.2 策划达成环境目标		●						
6.2.1 环境目标		●						
6.2.2 策划实现环境目标的措施		●						
7.1 资源	●							
7.2 能力		●						
7.3 意识		●						
7.4 沟通		●						
7.4.1 总则		●						
7.4.2 内部沟通		●						
7.4.3 外部沟通		●						
7.5 文件化信息						●		
7.5.1 总则						●		
7.5.2 编制与更新						●		
7.5.3 文件化信息的控制						●		
8.1 运行策划和控制		●						
8.2 应急准备和响应		●						
9.1 监视、测量、分析和评价		●						
9.1.1 总则		●						
9.1.2 合规性评价		●						
9.2 内部审核						●		
9.3 管理评审						●		
10.1 总则		●						
10.2 不符合与纠正措施		●						
10.3 持续改进		●						

备注：●为责任单位，其他为辅助单位。

6. 环境管理方针与目标

本公司为电子产品 FFC 讯号传输线的制造与销售专业厂商，依据“永续经营、诚信互重、互惠双赢”的企业经营理念，除致力达成客户满意外，在制造及服务过程中，也对环安工作努力不懈。因此为配合经营管理趋势，建立 ISO9001、绿色设计采购制造等产品质量管制系统、ISO14001 环境安全管理系统，作为追求永续经营发展的基础。

本单位承诺在推动各项质量及环安工作时，通过训练与倡导，要求全体员工参与外，适度与外部利害相关者沟通本政策后鼓励供应商积极配合，共同以下列方向作为目标设定的依据：

（1）客户满意守法规，持续改善零缺失。

提高客户满意度，确实遵守各项适用法规，透过稽核制度、管理审查等方式，不断审视自我缺失，进而持续改善。

（2）绿色产品防污染，有害物质做管制。

以遵守法规为基础，融入绿色设计绿色生产的概念，有效预防环境污染，并对环境有害物质进行减量及管控动作。

（3）全员教育凝共识，维护工厂好机制。

强化全员教育，凝聚员工质量及环安意识，透过流程源头管理、节能减费及安全促进活动，提升管理绩效。

（4）公司环境目标：100%满足国家法律法规与相关方要求，达到节能减排的目标。

7. 组织架构

公司组织框架如图 8－1 所示。

说明：可以不任命管理代表，也可任命。

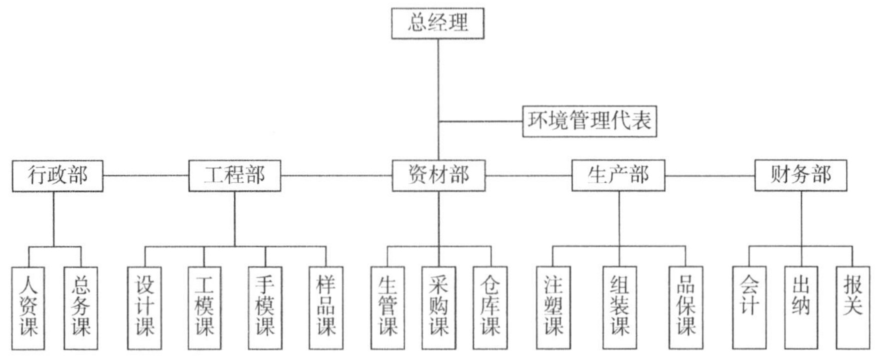

图 8－1　公司组织框架

8. 部门职责

（1）总经理

- 制订公司环境方针。
- 为实施与控制环境管理体系提供必要的资源，包括人力资源和专项技能、技术以及财力资源。
- 定期对环境管理体系进行评审，以确保体系的持续适用性、充分性和有效性。

（2）环境管理代表

- 制订环境手册。
- 制订公司总体环境目标、指标及环境管理方案。
- 审批各部门环境目标、指标。
- 对环境体系档进行评审。
- 负责中、高层管理人员的培训及联系有关外部培训事宜。
- 负责内部环境管理体系审核策划及审核组长、组员的确定。
- 收集环境管理体系运行情况的资料以供管理评审。
- 负责管理评审会议精神的传达与落实。

（3）ISO 委员会

- 组织各部门进行环境因素的识别。
- 负责相关方环境因素的识别。
- 对环境因素进行汇总评价，保存环境因素记录。
- 编制重大环境因素一览表。
- 相关方环境行为的跟进及记录。
- 相关方环境活动实施效果的确认及记录。
- 获取并识别与本公司产品、活动和服务有关的法律法规与其他要求。
- 负责各层次环境目标、指标的监控和跟进，编制目标、指标清单。
- 内外相关方重要信息交流及信息交流记录的归类存档、保存。
- 外部信息的接收、成文及必要性的回复。
- 负责环境监测设备的定期校验。
- 负责纠正、预防措施的跟进及记录。
- 负责新、扩、改项目完成后环境因素的重新识别、评价及环境管理体系的评审和维持。
- 协助行政部对废弃物处置的跟踪及监控。
- 组织各部门在新、扩、改项目投产后对其进行环境因素的重新识别，并进行汇总评价，确定重大环境因素，执行重点控制。
- 对整个生产过程的所有工序及产品质量、包装、运输方式，进行研究，提出工作效率的改进及质量成本的降低措施。
- 负责对供应商开发的以新型环保材料为原料的产品的筛选。
- 对能影响工作效率、质量的各个要素进行控制，列出控制清单并予以记录。
- 定期对发生的不符合项及其相应的纠正预防措施进行汇总、分析，必要时评审、更改有关档，实施并予以记录。

●协助行政部对废弃物治理商的跟踪调查。

●参与新、扩、改建项目主体工程设计阶段全部图纸的审阅，确保设计符合环保法律、法规及可行性研究报告及环境评价报告的要求。

(4) 人事行政部

●建立及维护消防设备。

●消防安全及消防设施的检查。

●负责环境意识培训。

●对承包商施加影响。

(5) 各部门负责人

●负责针对本部门的环境因素制定环境目标和指标。

●负责拟订本部门的环境管理方案并执行。

●有责任维护公司的环境管理体系，并对新发生的环境因素进行汇总，配合环境安全委员会进行鉴定。

(6) 品管部

●对公司的环境管理体系的档资料进行统一的编号、控制、归档、管理等业务。

●负责公司所拥有的检验、测量和试验设备的协调管理。

●负责实施、维护符合ISO14001要求的环境管理体系。

●验证环境方针和目标的实施效果，并作为管理评审的依据。

●制订环境监测年度计划。

●评审监测的结果及不符合时纠正预防措施的跟进。

●负责在大量超标或发生环境事故时与环保部门联系并采取应急措施。

●负责制订环境记录清单及其保存年限。

●协助环境管理代表收集相关信息，为管理评审做准备。

●内部重要信息交流及信息交流记录的归类存档、保存。

●负责本部门所涉及重要环境因素的有效管理。

●组织内部审核工作，并将审核结果递交总经理，作为管理评审的依据。

●负责采取预防措施，防止重大环境影响事故的发生。

●负责对公司日常环境管理体系进行监视与测量。

（7）生产部

●负责本部门重要环境因素的控制和管理，负责监控环境管理体系的日常运行情况。

●负责能资源耗用的有效管理。

●负责固体废弃物的标识和合理处置。

●负责本部门所涉及重要环境因素的有效管理。

●建立对潜在的事故或紧急情况的处理流程，并进行培训教育、训练等。

（8）采购部、工程部

●负责识别本部门所涉及的环境因素。

●对各类材质进行识别，提出材料选型的更改方向。

●新产品开发中所涉及的环境因素。

●负责本部门所涉及重要环境因素的有效管理。

●对供方施加影响。

（9）业务部

●环境方面内部和与相关方的信息交流的管理部门，负责相关方对环境问题的反馈情况的处理及对相关方进行回答。

●负责本部门所涉及重要环境因素的有效管理。

（10）设备工程部

●负责设备的维护和管理。

- 设备维护时油品的泄漏的处理。
- 应急准备和回应的执行和验证。
- 负责纠正、预防措施的跟进及记录。
- 负责废弃物处置的跟踪及监控。
- 负责化学品的分类及 MSDS 资料的收集、分发。
- 负责对废弃物治理商的跟踪调查。

（11）公司各级员工

- 了解本工作对环境的影响。
- 遵守与执行相关环境管理体系的要求。
- 有责任维护环境管理体系和提出改善提案。

（12）重要岗位

- 了解本工作对环境的影响。
- 遵守与执行相关环境管理体系的要求。
- 控制本岗位可能产生的重要环境因素。

（二）相关流程文件与规定材料

1. 资源能源管理程序

（1）目的：为合理利用能资源、降低能资源消耗，提高经济效益，实施可持续发展。

（2）适用范围：适用于本公司内能源和资源的管理。

（3）权责

- 采购部负责资源的采购、贮存管理。
- 生管部负责资源的贮存管理。

●设备工程部负责本公司能源的归口管理，负责电力输送管理和内部计量设备的安装维护。

●人事行政部负责能资源消耗的统计和报表并对能资源使用进行成本核算。

●全体员工：节约用水、用电。

●工程部、生产部：生产机器、设备保养。

●非生产机器、设备保养：

第一，各单位的小型打印机自行保养，中央空调、投影机、计算机等由设备工程进行保养。

第二，复印机等办公设备属人事行政保养。

第三，非生产机器设备在保养过程中如有异常情况发生，可联络设备工程协助处理。

● 制程减废：各相关单位。

（4）名词定义

●能源：指消耗性之用油及用电。

●资源：指本公司内所有物资及水资源。

（5）作业流程

无。

（6）作业内容

●用电节约

公司内部作业的机器设备、冷气使用、照明设施、风扇及办公室电器使用，设定下列节约用电的相关作业准则：

第一，机器设备：

a. 生产部使用的各项设备由各操作人员负责开关作业，并清楚标示操作者姓名。

b. 所有机器设备在停止生产时应关机。

c. 机器设备应定期实施保养作业，以维持机器设备运转顺畅提高作业效率进而减少用电量。

第二，冷气使用：

a. 各办公室、会议室的空调应保持适当的温度设定，人员较少或离开时，应适度调节或关闭空调。在温度低于28℃时，不要开启空调。

b. 各场所的冷气设备应保持清洁，以增加冷气空调的效能，以减少用电量。

第三，照明设施：

a. 作业区内保持足够的亮度即可，其他非作业区应关闭或仅保持不影响人员视力的照明，人员离开时，养成随手关灯的习惯，以节省用电。

b. 任何人发现某一区域无人且电灯未关闭时，应主动关灯以免浪费能源。

第四，风扇使用：

a. 各场所的风扇应依实际需要打开使用，人员离开时，应养成随手关闭的习惯，以节省用电。

b. 任何人发现某一区域无人且风扇未关时，应主动关闭，以免浪费能源。

第五，办公室电器（计算机、打印机、复印机等）使用：

a. 各办公室电器，上班时依需要开启，下班后若无需要，则必须关闭。

b. 任何机器下班后且不用时却未关闭，应追究其责任。

- **用水节约**

第一，人员应养成随手关水的良好习惯，若发现他人忘记关阀时，应主动及时关闭。

第二，若发现任何用水设施有损坏，如冲水马桶漏水，水龙头无法闭合，应通知设备工程部速派人维修。

● 为进一步达成水电之节约，可采取以下办法：

第一，张贴有关节约、用电、珍惜资源的相关信息。

第二，利用集会方式由单位负责人对员工倡导节约用水、用电的信息。

第三，人事行政部应记录每月用水、用电及用油状况并加以控制，如超过公司标准，则依《环境纠正与预防管理程序》处理。

● 办公纸张使用规定

第一，作废档需加盖作废章或打“×”后再反面利用，以节约用纸。

第二，公司正式之发行档及图表可使用新纸张。其他需用纸张时，先确认能否利用再生纸，以达到节约纸张的目的。

● 公司的现有用水、用电之设备需更新时，相关采购部门应首先选择节水、节电之设备采购，以达到节约之目的。

● 为达成制程能力提升，提升质量，各相关单位应对已通过之 ISO 9000 质量系统加以维持并期持续改善。

第一，依《人力资源管理程序》加以教育或以集合的方式加以倡导。

第二，依制造规定，当制程不良超过规定标准时，由各单位提出改善对策。

● 生管部每月对物料进行盘点，汇总原辅材料领用量、存量及消耗量、车间领用量与仓库发出量应相符，并报财务审核。财务部负责对生产原辅材料消耗进行核对，如偏差太大，要查明原因，并做好记录，追究责任。

● 生产用原辅料的管理

第一，生产用原辅材料由采购部统一采购。

第二，生产用料按实际情况并制订消耗定额。

第三，物料的发放和领用按定额执行，发放时依据发料单发放。

第四，工艺进行管理，减少生产过程中不合格半成品和成品的产生。

（7）相关资料

- 环境纠正与预防管理程序
- 人力资源管理程序

（8）使用表格

- 盘点表
- 用电统计表
- 用水统计表

2. 信息交流程序

（1）目的

为使质量及环境管理制度及推行活动达成内部组织之相互共识，提供本厂内部与外部之间相关质量与环境事宜信息的搜集与沟通。

（2）范围

全体员工及各供应商、承包商、客户、周遭居民、环保主管机关及劳动局、公安部门等活动信息之沟通均属之。

（3）职责

管理代表召集各部门制订质量与环境管理系统中所规定之沟通职责，并适时召开会议作沟通。负责与上级环保部门、行业主管部门等相关方信息的接受、传递和处理，并记录其决定。

人事行政部负责可回收固废处置方的信息交流。其他外部团体之沟通及倡导，包括邻里社区、政府机构、传播媒体由人事行政部负责。

（4）定义

- **内部**：系指本公司所有员工。

• **外部：** 指关注本公司产品质量与环安绩效或受此绩效影响的个人或团体，其主要包括供应商、客户、周遭居民、环保主管机关、劳动局、工安部门、社保局与媒体及其他利害相关者。

• **主动沟通：** 指由组织内部向组织外部，或由组织上层向组织下层、各部门平行间进行的沟通。其主要功能是向利害相关者传达公司的产品质量及环境政策、要求、系统运行成效等。

• **被动沟通：** 指由组织外部向组织内部，或由组织下层向组织上层、各部门平行间进行的沟通。其主要目的是表达自身不满（抱怨类）、查询有关讯息（咨询类）、提供改善构想（建议类）或虚惊事件。

（5）作业流程

无。

（6）作业内容

• **内部主动沟通**

第一，公司内部政策倡导：主管以会议方式传达，全体员工用公告、广告牌、手册或早会倡导方式沟通。

第二，针对产品及环境信息，使用电话、邮件、公告或会议等形式，传达给相关部门。

第三，客户要求产品之订单及交期，由业务通知生管课。生管课接到业务通知后依《生产计划管理程序》所规定方式，知会相关部门。

第四，新产品或新的技术要求需要研讨时，由产品工程单位会同相关单位召产品说明会。另，工程变更依《设计变更管理程序》由产品工程单位知会相关单位。若关系到复杂工序作业，需联合相关单位进行会议说明。

第五，采购物料之进购日期的材料、数量由采购单位依《采购管理程序》通知相关单位，以便及时通知物料供给。

第六，因客户需求提出订单变更，业务接到客户要求后联络生管部，生管部根据订单要求及时做出排程，并通过书面或邮件形式传达生产产品信息及生产交期信息给生产各相关单位。

第七，品管单位对各阶段产品质量进行检验，发现不良品时依《环境纠正与预防管理程序》进行处理。

第八，每月由品管部主持召开质量月会议，对上月质量目标进行检讨。

第九，客户满意度之评估，依《业务管理程序》办理。

第十，来自员工的反馈及沟通可借“意见箱”获得。

第十一，有下列情形时，人事行政部或各单位主管可利用会议或其他适当方式对员工代表主动咨询：

a. 公司质量及环境政策、目标、管理方案、管制程序拟定时。

b. 工作场所之环境的状况属于重大考虑面或安全高风险以上等级的改变时。

c. 其他经环境管理代表指定之状况。

● 外部主动沟通

第一，对外部利害相关者报告系统运行绩效时，使用外部利害相关者指定之各种报表报告，直到外部利害相关者接受为止。

第二，对外部利益相关者传达公司有关要求时，依《业务管理程序》、《供应商管理程序》进行。

第三，各外部相关行政机关通知以传真、电话等形式知会公司要求配合执行的相关环境信息。

第四，本公司将透过顾客规定的语言和方式（如计算机辅助设计资料、电子资料交换）进行所需的信息的沟通的能力，包括资料沟通。

第五，本司重要环境因素火灾行政部应主动与相关方沟通，详见《应急准备及回应管理程序》。

● **被动沟通讯息接收**

第一，人事行政部可由内部同仁以书面或口头方式直接反映，接收后处理。外部则有各利害相关者直接联络环境管理单位的电话、电子邮件或传真资料。

第二，间接接收：当各单位接收到有关讯息时，不管是电话信息、人员拜访信息或提案建议表等书信信息，需将相关信息转交给人事行政部。

第三，外部相关行政机关要求配合执行的相关环境安全信息，由人事行政部安排人员回复相关责任部门。

第四，当发生产品质量异常时，应由品管单位提出。责任单位进行原因分析及改善处理，品管单位进行追踪确认。

第五，客户投诉产品质量依《客诉与退货管理程序》处理。

● **被动讯息登录**

人事行政部在收到内外部主动提出的讯息时，只有需再回复或内部传达处理的，才需填写《信息反馈处理单》。

● **被动讯息处理**

第一，抱怨类：由人事行政部对所收到的抱怨进行调查。如调查属实，则依《环境纠正与预防管理程序》进行处理。如不属实，则直接回复抱怨来源。

第二，当各单位收到环境咨询讯息时，如无相关办法规定回复内容与方式时，须及时转给人事行政部，由人事行政部提出建议并通知管理代表。经总经理同意后，由人事行政部制订进行回复。咨询事项及回复结果需完整记录于《信息反馈处理单》上。

第三，建议类：公司员工可通过口头反映或提出书面提案改善等各种方式将各种改善建议传达给人事行政部经理。人事行政部经理在研究建议可行性后，由人事行政部呈总经理或相关单位主管核准后予以实施。

- **纠正措施要求**

如同一抱怨或建议或讯息在半年出现三次或以上者，人事行政部得要求相关责任单位依据《环境纠正与预防管理程序》提出相应措施进行改善。

（7）相关资料

- 《环境纠正与预防管理程序》
- 《供应商管理程序》
- 《生产计划管理程序》
- 《工程变更管理程序》
- 《采购管理程序》
- 《业务管理程序》
- 《客诉与退货管理程序》

（8）相关表格

- 《信息反馈处理单》

3. 废弃物管理程序

（1）目的

对各类固体废弃物进行管理，明确各种废弃物的收集、处理方法。在符合国家法律、法规的条件下，以实现各类固体废弃物的资源化、无害化、减量化处理，从而达到节约资源和控制环境污染的目的。

（2）适用范围

本程序适用于本公司产生的各类固体废物的收集和处置。

（3）职责

a. 各部门对产生的固体废弃物按其性质分类、收集、堆放到指定的场所。

b. 人事行政部负责对全公司分类的废弃物进行收集、清理，对无回收价值的固废的处置。

c. 人事行政部负责对全公司可回收的固废的处置。

（4）程序

a. 公司内固体废弃物分类。公司内的固体废物分为危险废物和一般废物（可回收、不可回收）。

b. 废弃物收集。人事行政部应在办公楼、每个车间放置适量的固体废物收集桶。各固体废物收集桶应按危险废物（红色标识）、可回收废物（绿色标识）和不可回收废物（黄色标识）作好标识。固状的危险废物可用原料桶或其他容器收集（化学染料包装物集中堆放并有标识），液体及挥发性危险废物应用原包装桶收集并紧闭桶盖。固体废物收集桶的放置要求如下：

- 垂直放置，禁止倒卧；
- 有防雨水措施，远离下水道入口；
- 盖好容器盖；
- 禁止露天放置。

c. 各部门对产生的固体废物应按《固体废弃物分类一览表》分类收集，并存放在相应的固废收集桶内。

d. 废弃物日常检查。

人事行政部派人每天对固体废物收集桶的固体废物收集情况进行检查，以确保及时将桶内的固体废物转移到厂部内的固体废物堆放场。

e. 废弃物的处理。

可回收固体废物由人事行政部负责处置，可回收废物由相应的废品回收部门回收处理；不可回收废物由人事行政部联系环卫部门统一填埋处理。其中危险废物处置应委托有资格的单位进行处理，并应确保对方不将回收的危险废物再转移，并与回收机构签订回收合同，每次转移后得到五联单。除不可回收的一般废物外，其余固体废弃物的处置均应做好记录。

f. 废弃物处理检查。

人事行政部每季对固体废物的处置情况进行监督检查，执行《环境监测与测量控制程序》，不符合的则按《环境纠正与预防管理程序》执行。

g. 废弃物异常紧急处理。

处置废弃物过程中，遇油类或其他粉状、液体类危险固废泄漏地面时，应立即用抹布等擦拭或吸干净，抹布作为危险废弃物处理。

（5）相关资料

a.《环境纠正与预防管理程序》

b.《环境监测与测量控制程序》

（6）使用表单

a.《固体废弃物处置登记表》

b.《固体废弃物分类一览表》

4. 环境纠正与预防管理程序

（1）目的

对于公司的活动、产品及服务有不符合环境安全管理体系时，提出预防与矫正措施，以及时改善并预防问题的再次发生。

（2）范围

本公司所有生产流程及周界环安改善活动。

（3）权责

- 异常提出：发现部门；
- 改善对策提出及实施：发生单位及责任单位；
- 异常的判定：人事行政部经理。

（4）名词定义

无。

（5）作业流程

具体如表 8－3 所示。

表 8-3 作业流程

流程	具体内容	担当者
界定评估范围	选定某一活动，产品，服务	ISO委员会
鉴别相对应的环境因素	填写《环境因素评估表》	各部门
评估环境冲击的影响程度	依据环境因素评价标准量化各环境因素	ISO委员会
重大环境因素之确定	重大环境因素之确定	ISO委员会，管理代表，
重大环境因素管理	依《环境因素管理程序》作业	各部门
环境因素的更新	全面更新环境因素	ISO委员会

(6) 作业内容

• 异常不符合事项包括：

第一，被环境安全单位开立罚单时。

第二，法令自行查核或监督不符法令时。

第三，目标进度落后达不到《目标管理程序》要求时。

第四，违反《信息交流管理程序》而造成抱怨、抗议事件时。

第五，重大考虑面、不可忍受风险及可忍受高风险需监控的日常管理项目者达到违反指定状况时。

第六，紧急状况依《重大灾害事故应急预案》实施。

第七，同一虚惊事件达到每月三次者。

第八，内稽缺点依《内部稽核管理程序》实施。

第九，外部稽核缺失（如客户、验证单位外部稽核缺失）。

第十，管理代表指定的状况。

● **矫正与预防措施**

第一，环境安全异常的提出。

a. 由发现单位的人员填写《环境安全异常处理单》交该部门主管确认后方可交给人事行政部。经人事行政部主管判定为异常及责任归属后，再交责任单位提出改善对策及执行。

b. 异常判定标准如有规范不明确者，交管理代表裁示。

第二，异常现象矫正。

a. 各单位接到异常通知后，需依异常状况填写《环境安全异常处理单》，及时做出应急处理措施，并在三天内提出原因分析及矫正措施。部门主管需确认矫正措施可有效降低异常状况的风险并且矫正措施本身产生的风险属于可忍受的范围，如有必要得依《环境安全因素管理程序》再进行危害鉴别与风险评估。

b. 异常事项矫正及原因矫正，如有需要其他单位协助时，须会签其他单位意见。

第三，效果追踪及确认。

a. 人事行政部应针对责任单位所提出的改善对策及执行成效加以追

踪。如已改善需在《环境安全异常处理单》确认追踪栏注明及改善后的状况；如未有改善或改善后的状况依然不符，需在《环境安全异常处理单》要求现任单位重新确定矫正措施。

b. 异常矫正措施追踪结案时，由管理部在《环境安全卫异常处理单》中建议必要的预防措施，呈管理代表及总经理核准后实施。

第四，环境安全卫生矫正与预防措施纳入管理审查中检讨。

第五，《环境安全异常处理单》结案后，交予人事行政部存档。

（7）相关资料：记录管理程序。

（8）使用表格：《环境安全异常处理单》。

5. 相关方施加影响程序

（1）目的

对相关方施加环境影响，增强其环境保护意识，改善环境行为。

（2）适用范围

适用于对本公司的相关方（供方和承包方）的环境行为施加影响的管理。

（3）职责

- 采购部负责对原材料采购活动中的供方和运输方施加影响。
- 业务部负责有关产品环境要求的处理、答复。
- 人事行政部负责对不可回收固体废物委托处理方施加影响。
- 人事行政部负责对新项目工程分承包方和可回收固体废物委托处理方施加影响。

（4）作业内容

- 相关方的范围

相关方包括提供原辅料、油品和化学品的供方，提供服务的固体废弃物委托处理方、建筑施工方、运输服务公司等承包方等。

● 相关方评估及施加环境影响

第一，采购部在确认供应商时，当向其所购产品占原辅料或能源费用的20%以上，则列为重点施加影响供方，其余为一般供方。对重点施加影响供方发放《供应商环境控制调查表》，并填写在《重点施加影响相关方一览表》中。

第二，对提供油品、危险化学品的供方直接判定为重点施加影响供方。采购部应要求其在提供产品时，必须提供产品的MSDS等有关环境信息。向其发放《供应商环境控制调查表》，并填写在《重点施加影响相关方一览表》中。

第三，对危险固体废弃物委托处理方直接判定为重点施加影响供方。人事行政部应要求其出具从事该项服务的环保部门认可的资格许可证，以考察其是否符合地方的环保要求和能力。向其发放《供应商环境控制调查表》，并填写在《重点施加影响相关方一览表》中。

第四，在向重点施加影响的相关方作环境调查时，对调查结果差的相关方应尽可能要求其改善环境表现，积极推进环境保护活动的开展。

第五，人事行政部在选择施工单位时，应要求其提供从事该项服务的营业资格和能力证明并签订协议，其中必须执行国家建筑业有关的环保规定。将全场建筑垃圾堆放在指定的堆放点，施工单位负责清理。噪声超标设备、桩机、搅拌机等在晚上十点后不能使用，同时还应遵守本厂有关的制度及规定，包括废水控制、废弃物控制、油品及化学品污染控制等。

第六，运输单位车辆进入本公司区域内应防撒、防泄漏、防火，注意安全，严禁漏油、鸣笛。运输油品、化学品的单位应有运输资质（包括运输车辆和司机），在运输过程中防止碰撞、倾倒、泄漏、

防火、防爆，防止产生环境污染或引发事故。装卸油品、化学危险品必须轻装轻放，严防震动、撞击、重压或倾倒，不准滚动、拖拉。

• 相关部门向重点施加影响的供方和承包方提供本公司有关制度和规定要求。

• 客户环保要求的收集

业务部向客户进行宣传，收集客户对产品环境的要求，并将信息传递到行政部，执行《信息交流管理程序》。

• 各部门按职责范围对不同相关方施加影响的情况进行监督、检查。

• 相关方施加影响的检查

人事行政部应每月检查对相关方的施加环境影响的情况，执行《环境监测和测量控制程序》，出现不符合执行《环境纠正和预防管理程序》。在每年的管理评审时，应对相关方施加影响的情况进行评审，对不能与本公司配合改善其环境行为的相关方提出限期整改或终止合作关系等措施，详见《管理评审程序》。

（5）相关文件

- 《信息交流管理程序》
- 《环境监测与测量控制程序》
- 《环境纠正与预防管理程序》
- 《管理评审程序》

（6）记录

- 《供应商环境控制调查表》
- 《重点施加影响相关方一览表》

6. 应急准备和响应程序

（1）目的

明确本公司潜在的环境事故或紧急情况，并对此做出应急准备措施和回应，预防或减少可能伴随的环境影响，特制定本程序。

（2）范围

适用于本公司所有可能发生的环境事故或紧急情况的预防与处理。

（3）职责

● 各部门负责本部门紧急情况的预防及事故发生后的配合处理。

● 行政部负责全公司范围内应急准备和回应的实施并检查具体工作的落实。

（4）程序

● 应急准备和回应基本原则：

第一，安全第一、预防为主。

第二，及时进行应急处理。

第三，迅速通报危险情况。

● 识别潜在事故和紧急情况：

设备部在识别本公司潜在事故和紧急情况时应考虑以下几个方面，并填写《重大灾害事故应急预案》。

第一，泄漏：液化器、油品、化学品仓库和使用场所。

第二，火灾爆炸：仓库、车间。

● 预防措施

第一，仓库：仓库保管员严格按《化学品管理程序》要求进行操作，熟悉化学品的MSDS，仓库应有防火和防漏措施。仓库管理人员应加强日常检查，发现事故隐患要及时纠正。进入仓库人员禁带一切火种，仓库附近应安装消防栓或配备灭火器材。原料仓库应准备充足的应急准备物资，如防止化学品泄漏的物品。

第二，各车间负责生产中半成品、成品的防火工作；生产厂内禁止吸烟，加强设备的维护，防止因电机过热或短路引起火灾。加强油品、化学品使用过程中的安全事项，使用人员必须了解化学品的MSDS。在相关岗位应准备完善的个人防护用品和应急物资，如手套、口罩、靴子、砂子等，并训练员工熟练使用。

第三，办公室、资料室附近要配备灭灭器。

• 应急回应

第一，发生紧急状态后，要保持冷静，能处理的先处理，并及时按规定的程序上报主管领导。采取预先制定的应急措施减少由此造成的影响。一旦局面失控，应以保障人身安全为主，及时撤离。

第二，发生火灾时，发现者应尽快通报附近人员及人事行政部，立即切断电源，根据火灾情况以安全有效的方法迅速将火扑灭或控制局势。发生严重火灾时拨打“119”，并疏散火灾现场所有非救援人员。人事行政部应做好对外联系工作。

第三，如有人员受伤或中毒等情况，应根据实际情况将伤员送往医院或现场采取急救措施。

第四，依据 MSDS 中的泄漏应急处理措施进行处理，避免或减少环境污染。

第五，对于在厂外运输过程中发生的灾害事故，按就近救援的原则，先由运输人员自救，同时通知事故所在地的相关部门请求救援。

第六，紧急状态发生后，相关部门应调查事故原因，明确责任，评估处置措施，填写《紧急情况处理报告》，并制定纠正预防措施，执行《环境纠正与预防管理程序》。有关事故报告由管理者代表提交管理评审，必要时向政府部门汇报。事故后，行政部协助管理者代表组织对此程序的预防措施适用性进行评价，必要时修改有关文件并遵照执行。

• 应急准备的检查

行政部每月对应急准备情况进行监督检查，准备工作（包括物资和培训等）情况与潜在的紧急状态适应，出现不符合的按《环境纠正与预防管理程序》执行。

- **应急响应演习**

可行时，对应急准备与回应程序和设施进行试验、演习，以判断设施及程序的有效性，以便做出调整并记录此过程。

（5）相关资料

- 《环境纠正与预防管理程序》
- 《管理评审程序》

（6）相关表单

- 《紧急情况处理报告》
- 《消防演习计划》
- 《消防演习报告》
- 《消防栓点检表》
- 《灭火器点检表》

潜在事故和紧急情况如表8－4所示。

表8－4　潜在事故和紧急情况一览表

事故	地点	应急准备	应急回应	责任人
小型火灾		灭火器、消防栓、消防演习	发现人报告总务课，并用灭火器灭火	发现人 总务课
大型火灾		灭火器、消防栓、消防演习、逃生指示图、应急灯	总务课长拨打119（火警）请求救援（必要时）	总务课
油类化学品少量泄漏		抹布	用抹布擦拭并将抹布放入危险垃圾桶	资材课 制造部

7. 噪音管理程序

（1）目的

加强对噪音源的管理，以便控制和预防噪声产生的污染。

（2）适用范围

适用与本公司在活动、产品和服务过程中噪声的控制。

（3）职责

- 各部门负责对本部门噪音源进行控制。
- 品管部负责联系当地环保部门定期进行厂界噪声监测。
- 人事行政部负责噪声污染防治的管理和日常监督。

（4）程序

- **噪声：**

凡是干扰人们正常休息、学习和工作的声音称为噪声。

- **控制要求与原则**

第一，保证厂界噪声达标。

第二，对噪声超标的严加控制并及时治理。

第三，对噪声未超标的，当相关方有合理的抱怨时也要尽力控制。

- **设备的安装与降噪**

第一，安装与调试。

维修工在安装、调试设备时，力求从以下方面控制机械噪声：

a. 设备基础一定要稳固、可靠，以防因振动引起机械噪声，必要时对一些转动惯性大、转速高的设备要增加隔离沟槽。

b. 设备安装时，一定要按图纸要求进行校正。

c. 严格验收制度，对噪声超标的新设备，在未采取降噪措施前不得投入运行。

第二，改、扩的建设项目，其环境影响报告书要评价噪音源的影响，并采取防止措施。项目投产前，噪声防治措施需经当地环保部门验收通过。

- **运行中的控制**

第一，依据噪音源发生机理，本公司的噪音源可分为以下几类：

a. 空气动性噪声，如空压机、运输车辆等。

b. 机械噪声，如扎线机等。

第二，对本公司各种噪音源的控制，应考虑以下方面：

a. 开机时要严格按设备的操作规程进行操作，防止操作不当引起的噪声。

b. 严格按设备管理制度，进行使用、维修和保养，做到油、水、气畅通，油标醒目、油量充足，使设备在完好状态下运转，发现问题及时排除，从而降低噪声。

c. 车间在生产时尽可能保持门窗关闭。

d. 运输车辆在进入厂区，禁止驾驶员鸣笛。

- **噪声监测与监督管理**

第一，品管部负责每年年底对厂界噪声进行监测，如超标应对相关部门提出改进措施，具体见《环境监测与测量控制程序》。若出现不符合，执行《环境纠正与预防管理程序》。

第二，行政部对噪声污染防治情况进行日常的监督检查，发现问题尽快解决。

第三，厂区周界环境噪音管制处理，依噪音管制物区作业要点规定，本厂属二类管制。其噪音管制标准如表 8 –5 所示：

表 8 –5　噪音管制标准

时段	日间（6：00 ~22：00）	夜间（22：00 ~6：00）
音量	60dB	50dB

（5）相关资料

- 《环境纠正与预防管理程序》
- 《环境监测与测量控制程序》

（6）相关表单

无。

8. 法律法规与其他要求管理程序

（1）目的

为及时获取、确定和更新适用于本公司活动、产品或服务中的法律、法规和其他应遵守的要求，并建立获取这些法律、法规和其他要求的管道，特制定本程序。

（2）范围

适用于对与本公司环境活动相关的法律、法规及其他要求的获取、识别和评价。

（3）权责

a. 人事行政部与品管部负责获取和识别与本公司活动、产品和服务中环境因素相适应的法律、法规和其他要求，并能及时更新。

b. 公司各部门负责将相关的法律、法规和其他要求传达给员工，并能有效地遵守。

（4）名词定义：

无。

（5）作业内容：

a. 公司应遵守的法律、法规和其他要求包括：

- 有关环境的国际公约。
- 国家及地方的有关环境法律、法规。
- 环境质量标准及污染物排放标准。
- 其他的环境保护相关法律、法规。
- 产业、产品中有关环境要求。

- 与官方机构（政府机构）的协定。
- 非法规性指南，如国家有关部委发布的规定、通知等。

b. 获取途径

行政部从以下途径（联系、关注）及时获取最新相关法律、法规等信息，并填写《法律法规及其他要求获取记录》。

- 地方环保部门。
- 公共图书馆、报刊、书籍、杂志和网络等媒体。
- 行业协会、咨询和认证机构。

c. 识别、确定

行政部根据本公司的区域、活动、产品和服务特点，对查询获取的法律、法规、标准和其他要求确认其适用性后，找寻适用法律、法规及其他要求清单，摘录主要相关内容并制定《环保法律法规和其他要求摘录表》。同时把获取的法律、法规、标准和其他要求的原文作为外来档按《档与资料管理程序》进行存档。

d. 传达

行政部与品管部应把最新的《法律、法规及其他要求清单》和《环保法律法规和其他要求摘录表》发放给有关部门，执行《档与资料管理程序》，再由各部门传达给相关员工。在环境管理体系各相关文件的制定中应贯彻法律法规有关要求。

e. 更新

品管部及行政部在以下情况下应及时更新《法律、法规及其他要求清单》、《环保法律法规和其他要求摘录表》并做好收发、传达工作：

- 有新的法律、法规颁布时。
- 公司的活动、产品和服务发生变化时。

f. 相关档

文件与资料管理程序

g. 记录

（1）《外来档管制表》（《法律、法规及其他要求清单》）

（2）《环保法律法规和其他要求摘录表》

9. 化学品油品管理程序

（1）目的

对公司范围内的所有危险化学品的采购、运输、装卸、贮存、使用、废弃等过程进行有效管理，防止在上述各过程中造成对环境的污染。

（2）适用范围

本规定适用于公司范围内的危险化学品的管理。

（3）职责

- **生管部：**

第一，负责危险化学品的责对危险化学品供应商的管理；

第二，负责危险化学品仓库的管理；

第三，负责危险化学品 MSDS 的发放。

- 生产用危险化学品归由生管部负责管理。
- 其他非生产用危险品由人事行政部负责管理。

（4）工作流程

- 公司区域范围内的危险化学品主要从以下几种识别：

第一，生产用危险品包括生产过程中所使用的各种有机溶剂（如酒精、洗网水等）以及空压机以及生产机械设备所使用的各种润滑油。

第二，非生产用危险品主要是食堂作为燃料用的柴油和液化气。

- 危险品管理

对于自行采购的生产用危险品按照以下要求进行管理：

第一，生管部负责对生产用的危险化学品进行整理，编制“危险化学品清单”便于管理。

第二，采购前由采购部负责对危险化学品的供应商进行选择，并与其签署环境保护协议，明确在环境管理方面对其的要求，防止其在为公司提供危险化学品的整个过程中对环境造成污染。

第三，依据国家法律法规《危险化学品管理条例》的要求，直接从生产厂家采购危险化学品时，应要求供应商提供以下资料：营业执照、危险化学品生产许可证、提供相应的危险化学品安全技术资料（MSDS）。

第四，当直接从经营单位采购危险化学品时，供应商应提供以下资料：危险化学品经营许可证、危险化学品安全技术资料（MSDS）。

第五，对于既是危险化学品供应商又是负责运输危险化学品到公司的供应商，在提供上述资料的同时还应提供相应的危险化学品道路运输许可证。

第六，严禁从不具备上述资格的供应商处采购危险化学品。

第七，危险化学品按需采购，使用部门向采购部提出申请，采购部进行采购。

第八，危险化学品到公司后，对于生产用危险化学品由人事行政部总务人员对运输、装卸进行监管和收货。对于设备用危险化学品由行政部对运输、装卸进行监管和收货，同时执行《相关方施加影响程序》有关规定。

第九，验收合格后生产用的危险化学品由生管部办理入仓领用手续，入仓后由人事行政部负责危险品贮存过程的管理。

第十，供应商对危险化学品的运输过程，执行《相关方施加影响程序》有关规定。

第十一，客户提供危险化学品的储存、使用过程管理，具体执行本章节的要求。

• 危险化学品的其他管理

第一，对危险化学品要定期盘点、巡检，确保危险化学品出入平衡。发现不符合项，执行《环境纠正与预防管理程序》有关规定。

第二，对危险化学品的贮存场所所配置的消防安全设施、防爆设施、温湿度计、通风设施等由行政部定期进行检查，确保其技术状态满足要求。对于温湿度计应按照《环境监测和测量控制程序》的要求进行校准并标识校准状态。

第三，各使用场所对危险化学品设置专柜或专区域存放并进行标识，专人管理。

• 危险化学品废弃物的处置

对于公司范围内产生的带有危险化学品的废弃物，如废弃的油桶、废弃的化学溶剂瓶及带有危险化学品的废抹布等，严禁露天存放，由相应的责任部门按《废弃物管理程序》处理。

（5）相关文档

- 《环境纠正与预防管理程序》
- 《废弃物管理程序》
- 《环境监测和测量控制程序》
- 危险化学品安全技术资料 MSDS

（6）相关记录

《危险化学品清单》。

10. 合规性评价程序

（1）目的

为了履行遵守法律法规要求的承诺，以定期评价对适用法律法规和其他要求的遵守情况，特制定本程序。

（2）适用范围

本程序适用与公司对有关环境的适用的法律法规和其他要求的遵守情况进行定期评价。

（3）职责

- 各部门负责对本部门有关环境的适用的法律法规和其他要求的遵守情况进行定期评价。
- 品管部负责对全公司有关环境的适用法律法规和其他要求的遵守情况进行定期评价。

（4）实施内容

- 合规性评价内容

第一，与适用的法律法规和其他要求有关的环境意识提高、技能培训及人员能力提升实施情况。

第二，与适用的法律法规和其他要求有关的环境目标、指标和管理方案的实施进度。

第三，与适用的法律法规和其他要求有关的重要环境因素控制情况。

第四，与适用的法律法规和其他要求有关的环保装置的运行情况。

第五，与适用的法律法规和其他要求有关的产品设计、生产和服务的实施情况。

第六，与适用的法律法规和其他要求有关的与相关方交流实施情况。

第七，与适用的法律法规和其他要求有关的环境管理体系实施情况。

第八，与适用的法律法规和其他要求有关的能源和资源实施情况。

第九，与适用的法律法规和其他要求有关的废物，尤其是危险废物的处理实施情况。

第十，与适用的法律法规和其他要求有关的环境运行记录填写情况。

第十一，与适用的法律法规和其他要求有关的环境事故预防措施和应急计划落实情况。

第十二，与适用的法律法规和其他要求有关的不符合纠正措施的完成情况。

● 合规性评价依据

与环境有关的适用的法律、法规与其他要求相关的程序文档。

● 合规性定期评价的实施

品管部每年根据本公司各部门环境管理体系的日常运行记录，环保装置的操作及排放状况，化学品仓库的环境安全检查现状，危险废物的存储和处置，与重大环境因素有关的人员能力及资格是否符合等，进行遵守适用法律法规和其他要求符合性评价，填写《环保法律法规和其他要求合规性评价表》。

第一，合规性评价结果执行《信息交流管理程序》，及时传递给公司各部门。

第二，品管部对本公司遵守适用法律法规和其他要求的评价检查中发现的不符合项，及时报告总经理和管理者代表，并执行《环境纠正与预防管理程序》。

第三，品管部负责保存上述定期评价结果的记录。

（5）相关资料

● 《信息交流管理程序》

● 《环境纠正与预防管理程序》

（6）相关表单

● 《环保法律法规和其他要求合规性评价表》

● 《法律法规清单》

11. 环境监视与测量程序

（1）目的

通过对可能具有重大环境影响的运行和活动关键特性的监测，实现对环境影响的有效控制。

（2）适用范围

适用于公司可能具有重大环境影响的运行活动关键特性的监测与测量，其中包括对环境绩效、环境因素运行控制、环境目标和指标符合情况、法律法规的遵循情况的监测及监测设备的校正、维护。

（3）职责

- 品管部负责：

第一，对运行控制程序实施情况的监督检查。

第二，定期评价公司环保法律、法规标准遵循情况。

第三，定期监控目标、指标及环境管理方案的完成情况。

第四，联系环保部门进行例行环境监测。

- 品管部负责监测设备的委外校准。
- 各部门负责监控相关的目标、指标完成情况，以及监督重要环境因素有关的运行控制情况。

（4）程序

- 监测的内容

第一，环境例行监测的内容：废水，噪声污染源的排放情况，能源、资源的消耗统计。

第二，监控的内容：目标、指标、环境管理方案的完成情况和法律法规的执行情况。

第三，监督的内容包括：环境体系运行，特别是环境因素运行控制，应急预案执行情况和职责的实施情况。

● 环境例行监测

品管部联系法定监测部门每年年底对污染物排放情况进行监测，监测项目具体如表 8 -6 所示。

表 8 -6 污染物排放监测情况

项目	监测点	监测项目	监测频率	责任部门	备注
废水	总排口	DB4426 -2001《广东省污水综合排放标准》	每年一次	品管部	委托环保部门监测
噪声	厂区四周边界	《工业企业厂界噪音标准》GB12348 -2008 二类标准	每年一次	品管部	委托环保部门监测

当检测结果超过标准值时，应报告管理者代表，并执行《环境纠正与预防管理程序》。

● 监控

目标、指标、环境管理方案执行情况的监控。

品管部每月组织人员对各部门目标、指标、环境管理方案的完成情况进行检查，并填写《环境管理目标指标追踪表》，出现不符合的情况，执行《环境纠正与预防管理程序》。目标、指标和环境管理方案实施情况应提交管理评审。

● 监督

第一，各部门对部门内各项运行控制程序的执行情况进行日常监督，不符合时及时纠正，并执行《信息交流管理程序》。

第二，品管部每月对各部门体系运行情况，特别是与重要环境因素相关的运行控制情况进行检查，填写《环境管理目标指标追踪表》。出现不符合的情况时，按《环境纠正与预防管理程序》执行。

• 监测设备的校准和维护

环境监测仪器包括压力容器上的压力表、水表、电表及消防器材。监测设备由品管部委托外部有资质机构进行校准和维护。

（5）相关资料

- 《信息交流管理程序》
- 《环境纠正与预防管理程序》

（6）相关表单

- 《监控与测量管制一览表》
- 《环境管理目标指标追踪表》
- 《环境因素运行监控表》

12. 环境因素管理程序

（1）目的

识别本公司在活动、产品和服务中能够控制和可施加影响的环境因素，并评价出重要环境因素，以确保重要环境因素得到有效的控制。

（2）范围

本程序适用于本公司覆盖范围内所有活动、产品和服务中环境因素的识别、评价、更新与管理。

（3）职责

• 各部门负责对本部门的环境因素进行识别和排查，填写《环境因素登记表》。

• ISO 委员会负责环境因素的汇总审核并评价出重要环境因素，填写《环境因素评价表》和《重要环境因素清单》。

• 环境管理者代表负责重要环境因素的审核，（副）总经理批准。

（4）程序

• 环境因素的识别和调查

第一，品管部负责将《环境因素评价表》发放到公司体系覆盖范围内的各部门。

第二，各部门依据部门活动、产品、服务中的环境情况，尽可能全面地识别能够控制和施加影响的环境因素，填写好《环境因素评价表》，并将结果报送到 ISO 委员会。

a. 各部门根据如下档和资料识别环境因素：①厂区平面布置图、工艺流程图；②物料使用及废弃情况；③能源、资源使用统计；④化学品使用情况及化学品材料安全参数（MSDS）表；⑤生产过程的废弃物、排放物及排放频率；⑥设备运行中的环境影响；⑦产品和服务中可能产生环境影响的环节；⑧公司机构和职责划分，现行环境管理措施、设备及控制档；⑨环境评估报告、批文、近一年来环境监测报告等；⑩排污管网图、污水排放口等；⑪相关方（供方、工程承包方、运输方、固废处置方等）提供的产品和服务中可能产生重大环境影响的环节；⑫相关方投诉及处理结果；⑬近五年来的重大环境、安全事故，全厂主要事故隐患。

b. 生产部门采用过程分析法逐一对每一活动、产品和服务中的输入、输出进行分析，从中识别出环境因素。

c. 非生产性部门根据职能所及的活动和现场，用现场调查法等识别出环境因素。

d. 相关方的识别由职能归口部门进行。

e. 为全面识别环境因素各部门应充分考虑环境因素的三种状态、三种时态和七种类型。三种时态为现在、过去和将来；三种状态为正常、异常和紧急；七种类型为废水、废气、噪声、固体废物、资源能源（或原材料）消耗、土地污染、其他环境问题（如振动、电磁辐射、光热辐射、放射性、有毒有害化学品使用、相关方影响等）。

● 重要环境因素的评价

第一，重要环境因素评价时依据以下几方面：相关法律法规、环境影响的规模及程度、发生的频率及持续时间、监控措施、相关方意见。

第二，根据以上评价及本公司特点，制定打分法的评价方法。（见表8－7）

第三，各部门将识别登记好的《环境因素评价表》提交给ISO委员会，由其依据废气、废水、噪声、固体废物、资源能源、产品中、事故及紧急情况、相关方等方面的环境因素，审核其填写是否规范、环境因素有无遗漏。

第四，ISO委员会根据审核完毕的《环境因素评价表》，依据表8－7中的评价方法对环境因素进行打分，并填写于《环境因素汇总评价表》上。

第五，ISO委员会根据环境因素评价结果及《环境适用法规及其他要求事项一览表》，得分超过40分为重大环境因素，形成《重要环境因素清单》，报环境管理者代表批准后发至各职能部门。

● ISO委员会负责按每年内审和管理评审的结果，依据公司新一年的发展情况，全面对环境因素进行更新。

当出现下列情况时，各职能部门应及时更新环境因素。更新时的识别与评价方法执行本程序的有关要求如下：

第一，进行新、扩、改或迁建项目时（在项目的可行性研究或试生产阶段）。

第二，有新产品投产、工艺更新、原材料替代、新增设施和设备时。

第三，当法律、法规、标准和其他要求变化时。

第四，遇到紧急状态、特殊情况或相关方有合理抱怨时。

第五，管理者代表认为有必要时。

● 重要环境因素的管理

对登录在《重要环境因素清单》中的重要环境因素的管理应尽量体现在环境目标、指标及环境管理方案中，或通过制订环境管理程序来加以控制，对因经济状况、技术条件等原因暂时无法实施的，要制定具体的实施计划。

● 环境因素识别流程，见表 8 –8。

（5）相关表单

● 《环境因素评价表》

● 《环境因素汇总评价表》

● 《重要环境因素清单》

13. 环境因素评价标准

环境因素评价标准具体如表 8 –7 所示。

表 8 –7 环境因素评价标准

项目	评分因素	分值	单分项	程度比较	评分说明
1	发生频率 F	3	1	几乎不发生	未曾发生，未来也不可能发生
			2	很少发生	一年以下才发生一次
			3	常发生	每年发生 26 次
			4	经常发生	每月发生 12 次
			5	持续不断	每周发生一次或持续发生
2	控制可能性 C	4	0	不可抗拒	如天灾（地震，台风），飞机失事等非理性抗争
			1	不会发生失控	监控良好，即使发生也不会失控
			2	不易造成失控	监控良好，发生偶尔会造成失控
			3	可能造成失控	监控一般，有时会失控，例如火灾
			4	大多会失控	监控差，大多会失控，例如山崩
			5	必然会失控	监控特差，必然会失控，例如地震

续表

项目	评分因素	分值	单分项	程度比较	评分说明
3	冲击范围 W	3	1	点状冲击	受冲击范围很小，仅限发生点少数几个员工
			2	小场所冲击	受冲击区域限厂房内，厂房内大多员工受影响
			3	区域性冲击	受冲击区域仅限厂区内，大多数员工受影响
			4	地区性冲击	受冲击区域扩至厂区外，冲击区临近受影响
			5	广域性冲击	受冲击区域很大，四处扩散，无法掌控
4	严重性 S	4	0	不影响	冲击仅限外观或感受
			1	轻微	造成人员轻微不适
			2	稍严重	影响生产作习
			3	严重	危害生物健康
			5	非常严重	发生时危害生物生命
5	冲击持续性 T	4	1	极短暂冲击	事件发生时会产生冲击，但时间极短
			2	短暂冲击	持续数小时
			3	持续一段时间	持续数天
			4	长时间冲击	持续数月
			5	永久性冲击	冲击数年或永久
6	加权因素 M	4	0	无	无其他影响
			3	一项	具有其他因素之一影响
			4	二项	具有其他因素之二影响
			5	三项	具有其他因素之三影响

注：

1. C = ∑（分值 × 单项分），总分为 100 分。
2. 加权因素：（天灾引起除外）影响公司形象，造成停产，造成居民抗争。

14. 环境因素识别流程

环境因素识别流程如表 8－8 所示。

表 8－8　环境因素识别流程

流程	具体内容	担当者
界定评估范围	选定某一活动，产品，服务	ISO委员会
⇩		
鉴别相对应的环境因素	填写《环境因素评估表》	各部门
⇩		
评估环境冲击的影响程度	依据环境因素评价标准量化各环境因素	ISO委员会
⇩		
重大环境因素之确定	重大环境因素之确定	ISO委员会，管理代表，
⇩		
重大环境因素管理	依《环境因素管理程序》作业	各部门
⇩		
环境因素的更新	全面更新环境因素	ISO委员会

15. 环境目标指标管理方案程序

（1）目的

通过制定本程序，便于环境目标、指标、管理方案的制定与实施，从而有利于实现本公司的环境目标指标。

（2）适用范围

适用于本公司生产、经营、服务全过程中的环境目标、指标和环境管理方案的建立、更改及实施的控制。

（3）定义

无。

（4）职责与权限

- 品管部

第一，负责环境目标、指标和管理方案的制订和修改。

第二，负责监督环境管理方案的执行和效果确认。

第三，负责环境目标、指标达成情况的评审。

- 管理者代表

第一，负责环境目标、指标和管理方案的核准。

第二，负责环境目标、指标达成情况的审核和确认。

- 总经理：环境目标、指标和管理方案的确认。
- 各相关部门：负责部门内环境目标、指标和管理方案的制定与实施。

（5）工作程序

- 环境目标和指标

第一，各部门根据本部门的重大环境因素，初步拟定本部门的环境目标指标并经本部门主管承认后，送交品管部。

第二，品管部根据环境方针、本年度重大环境因素、各部门环境目标指标及其他外界因素的变更于每年 3 月组织制定新的环境目标和指标，由管理者代表组织各相关部门责任人评议、审核，报总经理批准。

第三，体系建立之初的环境目标与指标，由管理者代表根据初始环境评审结果制定、审核，报总经理批准并传达实施。

第四，目标与指标的制定应考虑但不局限于以下几个方面：

a. 环境方针内容。

b. 有关法律、法规及其他要求。

c. 公司的重大环境因素。

d. 来自客户的要求。

e. 环境表现的持续改进、污染预防、节能降耗的承诺。

f. 环境目标量化后归于各相关部门，即目标明确，指标应具体量化且可测量。

第五，目标与指标的更改。

a. 在环境方针、法律和其他要求，环境管理方案的进度及环境因素发生变更时，目标和指标应重新评审和修订。

b. 目标与指标由品管部更改，之后由管理者代表组织各部门部主管讨论确认后报总经理批准生效。

第六，目标、指标的宣贯。

a. 通过文件分发、内部会议、宣传栏等宣传方式对公司各级管理者、专业人员及操作人员进行目标、指标的宣贯。

b. 由各部门责任人对所属员工进行目标与指标的宣传，确保全体员工清楚公司及本部门的目标与指标并付诸实施。

c. 相关方要求公开公司的环境目标与指标时，需经总经理批准。

- 环境管理方案

第一，环境管理方案的制定。

a. 环境管理方案由品管部拟定，经管理者代表审核后呈报总经理批准。

b. 环境管理方案应涉及与实现环境目标和指标有关的全部可能的活动（生产、经营、活动）、资源、能源及具体措施。

第二，环境管理方案的内容：

a. 环境目标与指标。

b. 方法、措施、技术手段。

c. 执行部门或负责人。

d. 行动计划与时间表。

第三，环境管理方案的更改：当影响环境方案执行的因素有变化时（如法律、法规、标准或其他要求发生变更，目标指标变化、公司生产活动变动等），需改环境管理方案。环境管理方案的变更仍应按照原程序进行审核，呈总经理批准。

第四，环境管理方案的实施：环境管理方案由相关责任部门具体实施。

第五，环境管理方案的监督验证：批准后的环境管理方案需送一份到品管部，由品管部对方案的实施进度与效果进行监督验证。

（6）相关资料

无。

（7）相关表单：

《年度环境目标指标一览表》。

16. 污水污染管理程序

（1）目的

为了使本公司生产、生活的废水得到更有效的控制，防止和减少废水对水体和环境的污染，特制定本程序。

（2）适用范围

本程序适用于本公司在活动、产品和服务过程中产生的废水的管理。

（3）职责

- 品管部负责委托环保部门对本公司的废水污染物排放标准。
- 各部门负责本部门产生的废水的管理。

（4）程序

- 总体的要求

第一，公司内废水污染物排放应符合国家和地方污水污染物排放标准。

第二，在达标的基础上，尽可能减少污水的排放量和排放的浓度。

第三，对本公司不能处理的废水、废液必须送到环保部门要求的公司处理。

- 污水控制

第一，生产废水控制。

本司不存在工业污水，中央空调使用的水循环使用。

第二，其他废水控制。

a. 不得在生活水龙头处清洗油桶，清理出的设备泄漏的机油，不得倒入水沟里。

b. 厕所要由专门的清洁工人进行处理，保持厕所的清洁，减少对环境的污染，并由专门人员每半年对化粪池进行清理，确保化粪池、下水道畅通，无阻塞、满溢现象。

c. 空压机和空调产生的废水回收交有资格的危险品处理机构处理。

d. 废弃物不可放在雨水，生活污水管道边缘，不可露天放置。

- 监测与监控

第一，品管部应定期与环保检测机构联系，对本厂废水污染物排放指标进行监测，详见《监测与测量程序》。监测过程中发现不符合要求的按《环境纠正与预防管理程序》处理并记录。

第二，品管部应每月对废水排放进行控制，发现不符合应及时纠正并做好记录。

（5）相关资料

- 《信息交流管理程序》
- 《环境监测与测量控制程序》
- 《环境纠正与预防管理程序》

（6）相关表单

《环境因素运行监控表》。

17. 灭火器作业指导书

一、适用范围：本公司使用的干粉灭火器

二、型号：MFZ/ABC4 型

三、操作程序：

（1）出现火灾时，迅速拿下灭火器。取出时应用手扶住栓灭火器的布带，另一手拿灭火器的手柄取出灭火器。

（2）取出灭火器后，将灭火器的喷头扶直，翻转摇动数次后拉出保险销。

（3）到达火源后，对准火焰根部压下灭火器的手把。

注意事项：

（1）不可将灭火器倒置使用。

（2）不可日晒雨淋，严禁高温高压下存放。

（3）定期检查：压力表标示压力低于绿线区或一经开启，必须交资质合格厂商维修再充装。

（4）只用于火灾情况，不可用于其他用途。

（5）使用时注意裸露的皮肤和器官，防止冻伤。

（6）禁止用灭火器开玩笑，绝不可将喷嘴对准旁人。

（7）接触皮肤及身体，应用肥皂及清水清洗。

（8）如不慎入眼内，请及时就医。

18. 消防栓作业指导书

一、适用范围：本公司使用于消防栓。

二、型号（厂家）：桂安

三、操作程序：

（1）发生火灾时，可击破最近的报警器，以启动自动灭火系统，且同时通知保安和消防队员。

（2）首先打开消防箱盖，拿出水带，抓住水带的两个铝制接头将水带向火灾方向抛出。

（3）水带抛出以后，将水带的一接头接到消防栓的接头上，之后迅速将另一个水带接头接上喷射枪头。

（4）打开消防栓出水控制阀，拿接好喷射枪头向火灾的方向跑去，将出水的枪头对准火源处进行灭火。

（5）必须两人以上进行灭火。

注意事项：

（1）水带每次使用后，须晾干方可卷起储放。

（2）消防栓需经常检查，检查水带、出水管和枪头的状况。

（3）未经许可，不得用于其他用途。

19. 消防管理规定

（1）目的：

• 系统地明确厂内各部门对消防安全管理的职责及施行应急措施规定。尽可能地减少火灾事故对资源的损毁、减少环境的影响，以及把人身安全和经济损失减到最低。

• 系统地明确各类消防设施的巡查方法，以确保消防设施巡查工作的有效性。

• 明确各种消防设施的正确的操作方法，预防在使用过程中出现的失误，减少隐患。

（2）适用范围：

• 适用于本厂在产品、活动、服务过程中的所有安全管理。

• 适用于本厂的消防设施的巡查工作。

• 适用于本厂的所有的消防设施的使用与操作。

（3）定义：

使用的器材：

• 二氧化碳灭火器。

• 二氧化碳灭火器（推车式）。

• 干粉灭火器。

• 泡沫灭火器。

• 消防栓。

（4）权责：

• 保安人员：负责灭火器、消防栓、应急灯等消防设施的巡查。

• 由总务课负责组织成立安全委员会，并负责对安全委员会成员进行专业消防安全知识培训，以保证相应的人员能正确进行相应的安全消防工作。

●安全委员会定期组织安全委员会小组或成员进行消防培训和消防演习，每年至少一次。

●安全委员会每年至少请一次消防部门到厂进行消防检查，并对消防器材进行检查其有效性和安全性。必要时，更新灭火器的化学物质。

●安全委员会负责对全体员工的消防安全意识培训，普及消防知识，对全体员工进行消防器材基本操作的培训。

●安全委员会负责各消防设施的维修保养，以保持其有效性和实用性。

●安全委员会负责工厂内部所有场所的紧急疏散及消防设施分布图的绘制工作，并张贴于各相应场所的显眼位置。

（5）作业内容：

●应急规定：

如电线短路或超负荷引起的火灾，应立即切断火灾区域的电源总闸，并使用干粉灭火器将火扑灭。

重大火灾时，各班组管理人员应迅速组织人员疏散离开现场并报警争取外援，以减少损失。

●回应规定

第一，普及消防知识，对全体员工进行消防器材（消防栓、灭火器）的操作使用技术的培训。组织安全委员会成员开展消防演习。

第二，各场所配备合适的消防器材（灭火器）。

第三，安全委员会需定期检查机器的运行情况和配电柜及开关线路等运行状况，发现问题及时处理，消除火灾隐患。

第四，严禁机器超负荷运行。

第五，非维修人员不得擅自拉接电源线，严禁在厂区禁烟区内抽烟。

第六，维修人员应随时将老化或磨损的电源线、接触器、继电器、开关、插座等电器元件及时更换。

第七，使用易燃物品较多的部门，应有专人负责保管和监督使用，对易燃品实行限量领料和安全摆放。

第八，每个消防栓内必须配备一条消防水带、一支高压喷头，预防急需。保安人员应定期检查其实用性和有效性。

第九，安全委员会必须检查消防设施（水泵增压、报警系统），并记录于相应的巡查表。

第十，安全委员会每年请消防机构检查灭火器的实用性和有效性，必要时更新灭火器的化学物质。

● 灭火器的巡查内容

第一，检查灭火器摆放的位置是否与分布图上的位置相符，如不符则为异常。

第二，查看灭火器的压力表，看指标是否处于黄色区域内，如处于红色区域则为异常。

第三，查看灭火器的五金部件是否有锈死。

第四，检查频次为每月一次，检查结果记录于《消防设施点检记录表》。

● 消防栓的巡查内容

第一，检查消防箱内配套设施是否完善、配套，必须包括至少一个水闸开关、一条水带和一支高压喷头。

第二，检查消防水带的盘带方式是否正确，水带盘好后两个接头应都处于水带外圈。

第三，检查消防水闸开关是否灵敏。

第四，检查水带是否有破损、水带接头是否牢固完好。

第五，检查频次为每月一次，检查结果记录于《消防设施点检记录表》。

• 应急灯的检查内容

第一，检查安全出口指示灯在通电情况下应不亮，在断电后应亮起来，如停电后不亮则为异常。

第二，检查应急照明灯通电情况下处于充电状态，在断电或按 TEST 键后照明灯是否会亮起来，如断电或按 TEST 键后照明灯不亮为异常。

第三，检查频次为每月一次，检查结果记录于《消防设施点检记录表》。

• 水泵增压系统的检查方法与内容

第一，用标杆确认水池内水的容量。

第二，将增压水泵电源打开检查增压水泵的运行状况是否正常。

第三，检查频次为每月一次，检查结果记录于《消防设施点检记录表》。

• 报警系统的检查方法与内容

第一，将报警系统开关置于自动位置，击碎任意一个报警开关，检查各楼层电铃是否响起，增压水泵是否运行。

第二，检查频次为每次消防演习时检查一次，检查结果记录于《消防设施点检记录表》。

• 消防设施操作方法

第一，二氧化碳灭火器的使用方法。

第二，二氧化碳灭火器（推车式）。

第三，干粉灭火器。

第四，泡沫灭火器。

注：以上消防设施的使用方法参见各相关挂图。

第五，消防栓的使用方法。

右手抓住水带盘用力将水带甩出去。注意在甩水带时应把水带界面抓在手上。两手抓住一个接水口对准消防栓水口接好。左手抓住另一个界面，右手抓住高压喷头将界面对准左手的水带界面对接好。两手抓住有高压喷头的一端将水带拉直，使其没有对折和扭曲现象，将水闸开关打开，两手抓住高压喷头使喷头嘴对准火焰将水射向火源把火扑灭。

（6）相关文件

- 《灭火器作业指导书》
- 《消防栓作业指导书》

（7）相关表格

《消防设施点检记录表》。

（8）附件

紧急疏散及消防设施分布图。

20. 固体废弃物分类表（如表8－9所示）

表8－9　固体废弃物分类表

大类别	小类别	实际例子	处理措施
可回收	纸张类	办公废纸、废包装纸箱、卫生纸内圈	回收公司回收
	塑胶件类	废打包带、饮料瓶子、废弃食品用胶袋、废洗手液容器、废橡皮筋等	回收公司回收
	金属件类（不含危险品的）	废零配件、废金属饮料容器、废铜及铜电线等	回收公司回收
	废边角余料	FFC 边料等	回收公司回收
	报废成品	FFC 调机品，不良品，库存逾期品等	回收公司回收
	日常生产	废手套	回收公司回收

续表

大类别	小类别	实际例子	处理措施
不可回收	生活垃圾	一次性饮水用具、茶叶类等	环卫所处理
	果壳类	果皮、内核之类等	环卫所处理
	食品包装类	食品包装纸、包装纸袋、快餐盒、方便纸、纸屑类等	环卫所处理
	日常生活用品	树叶、杂草、沙土、陶瓷等	环卫所处理
	不含油抹布	各工站清洁桌面抹布等	环卫所处理
危险废弃物	设备维护产生的含油废弃物	废抹布、废零配件、废润滑油容器、含危险品的抹布等	有资质的回收公司回收
	日常办公产生的危险废弃物	签字笔类、白板笔类、废涂改液容器类、废墨水盒、废硒鼓、废胶水容器、废印台、废印油容器、废印章、废油性笔芯、废笔芯、废白板擦儿、废电池等	有资质的回收公司回收
	危险化学品废容器	废油漆容器、废酒精瓶等	有资质的回收公司回收
	废弃照明用具类	废日光灯管、废灯泡等	有资质的回收公司回收
	带有危险品的废用具	含油漆的废刷子等	有资质的回收公司回收
	日常生产易耗品	指套、废胶套、橡皮筋等	有资质的回收公司回收

21. 监控与测量管制一览表

一、噪声项目（如表 8－10 所示）

表 8－10 噪声检测表

噪声监测地点	标准值	实际值	单位评价
白天厂界 1 米外 1#监测点（东）	Leq ≦ 60dB（A）	55.3dB（A）	合格

续表

噪声监测地点	标准值	实际值	单位评价
白天厂界 1 米外 2#监测点（南）	Leq ≦ 60dB（A）	52.8dB（A）	合格
白天厂界 1 米外 3#监测点（西）	Leq ≦ 60dB（A）	57.2dB（A）	合格
白天厂界 1 米外 4#监测点（北）	Leq ≦ 60dB（A）	59.1dB（A）	合格
夜间厂界 1 米外 1#监测点（东）	Leq ≦ 50dB（A）	46.0dB（A）	合格
夜间厂界 1 米外 2#监测点（南）	Leq ≦ 50dB（A）	44.6dB（A）	合格
夜间厂界 1 米外 3#监测点（西）	Leq ≦ 50dB（A）	47.7dB（A）	合格
夜间厂界 1 米外 4#监测点（北）	Leq ≦ 50dB（A）	48.8dB（A）	合格

二、生活废水项目（如表 8－11 所示）

地点：生活废水处理池

表 8－11　生活污水污染物结果分析表

污染物监测项目	评价标准（mg/L）pH 值除外	浓度范围（mg/L）	单位评价
pH*	6～9	6.5～7.66	合格
色度	40	25	合格
SS 悬浮物	60	36	合格
CODcr	90	78.9	合格
BOD5	20	11.4	合格
氨氮	10	3.22	合格
LAS	5.0	1.45	合格
磷酸盐	0.5	0.18	合格
动植物油	10.0	5.47	合格

1120 本土管理实践与创新论坛

这是由100多位本土管理专家联合创立的企业管理实践学术交流组织，旨在孵化本土管理思想、促进企业管理实践、加强专家间交流与协作。

论坛每年集中力量办好两件大事：第一，**“出一本书”**，汇聚一年的思考和实践，把最原创、最前沿、最实战的内容集结成册，贡献读者；第二，**“办一次会”**，每年11月20日本土管理专家们汇聚一堂，碰撞思想、研讨案例、交流切磋、回馈社会。

论坛理事名单（以年龄为序，以示传承之意）

常务理事：

彭志雄　曾　伟　施　炜　杨　涛　张学军　郭　晓
程绍珊　胡八一　王祥伍　李志华　陈立云　杨永华

理　　事：

卢根鑫　曾令同　宋杼宸　张国祥　刘承元　曹子祥　宋新宇　吴越舟
吴　坚　戴欣明　刘春雄　刘祖轲　段继东　何　慕　秦国伟　贺兵一
张小虎　郭　剑　余晓雷　黄中强　朱玉童　沈　坤　阎立忠　张　进
丁兴良　朱仁健　薛宝峰　史贤龙　卢　强　史幼波　叶敦明　王明胤
陈　明　岑立聪　方　刚　张东利　郭富才　叶　宁　何　屹　沈　奎
王　超　马宝琳　谭长春　夏惊鸣　张　博　李洪道　胡浪球　孙　波
唐江华　刘红明　杨鸿贵　伯建新　高可为　李　蓓　孔祥云　贾同领
罗宏文　史立臣　李政权　余　盛　陈小龙　尚　锋　邢　雷　余伟辉
李小勇　全怀周　沈　拓　徐伟泽　崔自三　王玉荣　蒋　军　侯军伟
黄润霖　金国华　吴　之　葛新红　周　剑　崔海鹏　柏　龑　唐道明
朱志明　曲宗恺　杜　忠　远　鸣　范月明　刘文新　赵晓萌　张　伟
熊亚柱　孙彩军　刘　雷　王庆云　俞士耀　丁　昀　黄　磊　罗晓慧
伏泓霖　梁小平　鄢圣安

推荐作者得新书！

博瑞森征稿启事

亲爱的读者朋友：

感谢您选择了博瑞森图书！希望您手中的这本书能给您带来实实在在的帮助！

博瑞森一直致力于发掘好作者、好内容，希望能把您最需要的思想、方法，一字一句地交到您手中，成为专业知识与管理实践的纽带和桥梁。

但是我们也知道，有很多深入企业一线、经验丰富、乐于分享的优秀专家，或者往来奔波没时间，或者缺少专业的写作指导和便捷的出版途径，只能茫然以待……

还有很多在竞争大潮中坚守的企业，有着异常宝贵的实践经验和独特的闪光点，但缺少专业的记录和整理者，无法让企业的经验和故事被更多的人了解、学习、参考……

这些都太遗憾了！

博瑞森非常希望能将这些埋藏的“宝藏”发掘出来，贡献给广大读者，让更多的人得到帮助。

所以，我们真心地邀请您，我们的老读者，帮助我们一起搜寻：

推荐作者。

可以是您自己或您的朋友，只要对本土管理有实践、有思考；可以是您通过网络、杂志、书籍或其他途径了解的某位专家，不管名气大小，只要他的思想和方法曾让您深受启发。

推荐企业。

可以是您自己所在的企业，或者是您熟悉的某家企业，其创业过程、运营经历、产品研发、机制创新，等等。不论企业大小，只要乐于分享、有值得借鉴书写之处。

总之，好内容就是一切！

博瑞森绝非“自费出书”，出版项目费用完全由我们承担。您推荐的作者或企业案例一经采用，我们会立刻向您赠送书币 100 元，可直接换取任何博瑞森图书的纸质版或电子版。

感谢您对本土管理的支持！感谢您对博瑞森图书的帮助！

推荐邮箱：bookgood@126.com　　推荐手机：13611149991

欢迎登录“博瑞森管理图书网”了解我们！

博瑞森图书

互联网+

	书名．作者	内容/特色	读者价值
互联网+	**移动互联新玩法：未来商业的格局和趋势** 史贤龙　著	传统商业、电商、移动互联，三个世界并存，这种新格局的玩法一定要懂	看清热点的本质，把握行业先机，一本书搞定移动互联网
	创造增量市场：传统企业互联网转型之道 刘红明　著	传统企业需要用互联网思维去创造增量，而不是用电子商务去转移传统业务的存量	教你怎么在"互联网+"的海洋中创造实实在在的增量
	画出公司的互联网进化路线图：用互联网思维重塑产品、客户和价值 李　蓓　著	18个问题帮助企业一步步梳理出互联网转型思路	思路清晰、案例丰富，非常有启发性
	7个转变，让公司3年胜出 李　蓓　著	消费者主权时代，企业该怎么办	这就是互联网思维，老板有能这样想，肯定倒不了
	重生战略：移动互联网和大数据时代的转型法则 沈　拓　著	在移动互联网和大数据时代，传统企业转型如同生命体打算与再造，称之为"重生战略"	帮助企业认清移动互联网环境下的变化和应对之道
	跳出同质思维，从跟随到领先 郭　剑　著	66个精彩案例剖析，帮助老板突破行业长期思维惯性	做企业竟然有这么多玩法，开眼界
	今后这样做品牌：移动互联时代的品牌营销策略 蒋　军　著	与移动互联紧密结合，告诉你老方法还能不能用，新方法怎么用	今后这样做品牌就对了
	互联网+"变"与"不变"：本土管理实践与创新论坛集萃．2016 本土管理实践与创新论坛　著	本土管理领域正在产生自己独特的理论和模式，尤其在移动互联时代，有很多新课题需要本土专家们一起研究	帮助读者拓宽眼界、突破思维
	微商生意经：真实再现33个成功案例操作全程 伏泓霖　罗晓慧　著	本书为33个真实案例，分享案例主人公在做微商过程中的经验教训	案例真实，有借鉴意义

行业类：零售、白酒、食品/快消品、农业、医药、建材家居等

	书名．作者	内容/特色	读者价值
零售·超市·餐饮·服装·汽车	**1. 总部有多强大，门店就能走多远** **2. 超市卖场定价策略与品类管理** **3. 连锁零售企业招聘与培训破解之道** **4. 中国首家未来超市：解密安徽乐城** **5. 三四线城市超市如何快速成长：解密甘雨亭** IBMG国际商业管理集团　著	国内外标杆企业的经验+本土实践量化数据+操作步骤、方法	通俗易懂，行业经验丰富，宝贵的行业量化数据，关键思路和步骤
	涨价也能卖到翻 村松达夫　【日】	提升客单价的15种实用、有效的方法	日本企业在这方面非常值得学习和借鉴
	零售：把客流变成购买力 丁　昀　著	如何通过不断升级产品和体验式服务来经营客流	如何进行体验营销，国外的好经营，这方面有启发
	餐饮企业经营策略第一书 吴　坚　著	分别从产品、顾客、市场、盈利模式等几个方面，对现阶段餐饮企业的发展提出策略和思路	第一本专业的、高端的餐饮企业经营指导书
	赚不赚钱靠店长：从懂管理到会经营 孙彩军　著	通过生动的案例来进行剖析，注重门店管理细节方面的能力提升	帮助终端门店店长在管理门店的过程中实现经营思路的拓展与突破
	汽车配件这样卖：汽车后市场销售秘诀100条 俞士耀　著	汽配销售业务员必读，手把手教授最实用的方法，轻松得来好业绩	快速上岗，专业实效，业绩无忧

续表

白酒	**变局下的白酒企业重构** 杨永华　著	帮助白酒企业从产业视角看清趋势，找准位置，实现弯道超车的书	行业内企业要减少90%，自己在什么位置，怎么做，都清楚了
	1. 白酒营销的第一本书 **2. 白酒经销商的第一本书** 唐江华　著	华泽集团湖南开口笑公司品牌部长，擅长酒类新品推广、新市场拓展	扎根一线，实战
	区域型白酒企业营销必胜法则 朱志明　著	为区域型白酒企业提供35条必胜法则，在竞争中赢销的葵花宝典	丰富的一线经验和深厚积累，实操实用
	10步成功运作白酒区域市场 朱志明　著	白酒区域操盘者必备，掌握区域市场运作的战略、战术、兵法	在区域市场的攻伐防守中运筹帷幄，立于不败之地
	酒业转型大时代：微酒精选2014－2015 微酒　主编	本书分为五个部分：当年大事件、那些酒业营销工具、微酒独立策划、业内大调查和十大经典案例	了解行业新动态、新观点，学习营销方法
快消品·食品	**乳业营销第一书** 侯军伟　著	对区域乳品企业生存发展关键性问题的梳理	唯一的区域乳业营销书，区域乳品企业一定要看
	食用油营销第一书 余　盛　著	10多年油脂企业工作经验，从行业到具体实操	食用油行业第一书，当之无愧
	中国茶叶营销第一书 柏　龑　著	如何跳出茶行业"大文化小产业"的困境，作者给出了自己的观察和思考	不是传统做茶的思路，而是现在商业做茶的思路
	调味品营销第一书 陈小龙　著	国内唯一一本调味品营销的书	唯一的调味品营销的书，调味品的从业者一定要看
	快消品营销人的第一本书：从入门到精通 刘　雷　伯建新　著	快消行业必读书，从入门到专业	深入细致，易学易懂
	变局下的快消品营销实战策略 杨永华　著	通胀了，成本增加，如何从被动应战变成主动的"系统战"	作者对快消品行业非常熟悉、非常实战
	快消品经销商如何快速做大 杨永华　著	本书完全从实战的角度，评述现象，解析误区，揭示原理，传授方法	为转型期的经销商提供了解决思路，指出了发展方向
	一位销售经理的工作心得 蒋　军　著	一线营销管理人员想提升业绩却无从下手时，可以看看这本书	一线的真实感悟
	快消品营销：一位销售经理的工作心得2 蒋　军　著	快消品、食品饮料营销的经验之谈，重点图书	来源与实战的精华总结
	快消品营销与渠道管理 谭长春　著	将快消品标杆企业渠道管理的经验和方法分享出来	可口可乐、华润的一些具体的渠道管理经验，实战
	成为优秀的快消品区域经理 伯建新　著	37个"怎么办"分析区域经理的工作关键点	可以作为区域经理的'速成催化器'
	销售轨迹：一位快消品营销总监的拼搏之路 秦国伟　著	本书讲述了一个普通销售员打拼成为跨国企业营销总监的真实奋斗历程	激励人心，给广大销售员以力量和鼓舞
	快消老手都在这样做：区域经理操盘锦囊 方刚　著	非常接地气，全是多年沉淀下来的干货，丰富的一线经验和实操方法不可多得	在市场摸爬滚打的"老油条"，那些独家绝招妙招一般你问都是问不来的
农业	**农资营销实战全指导** 张　博　著	农资如何向"深度营销"转型，从理论到实践进行系统剖析，经验资深	朴实、使用！不可多得的农资营销实战指导
	农产品营销第一书 胡浪球　著	从农业企业战略到市场开拓、营销、品牌、模式等	来源于实践中的思考，有启发
	变局下的农牧企业发展9大成长策略 彭志雄　著	食品安全、纵向延伸、横向联合、品牌建设……	唯一的农牧企业经营实操的书，农牧企业一定要看

续表

医药	**新医改下的医药营销与团队管理** 史立臣　著	探讨新医改对医药行业的系列影响和医药团队管理	帮助理清思路，有一个框架
	医药营销与处方药学术推广 马宝琳　著	如何用医学策划把“平民产品”变成“明星产品”	有真货、讲真话的作者，堪称处方药营销的经典！
	新医改了，药店就要这样开 尚　锋　著	药店经营、管理、营销全攻略	有很强的实战性和可操作性
	电商来了，实体药店如何突围 尚　锋　著	电商崛起，药店该如何突围？本书从促销、会员服务、专业性、客单价等多重角度给出了指导方向	实战攻略，拿来就能用
	在中国，医药营销这样做：时代方略精选文集 段继东　主编	专注于医药营销咨询15年，将医药营销方法的精华文章合编，深入全面	可谓医药营销领域的顶尖著作，医药界读者的必读书
	OTC医药代表药店开发与维护 鄢圣安　著	要做到一名专业的医药代表，需要做什么、准备什么、知识储备、操作技巧等	医药代表药店拜访的指导手册，手把手教你快速上手
	引爆药店成交率1：店员导购实战 范月明　著	一本书解决药店导购所有难题	情景化、真实化、实战化
	引爆药店成交率2：经营落地实战 范月明　著	最接地气的经营方法全指导	揭示了药店经营的几类关键问题
	医药企业转型升级战略 史立臣　著	药企转型升级有5大途径，并给出落地步骤及风险控制方法	实操性强，有作者个人经验总结及分析
建材家居	**建材家居营销实务** 程绍珊　杨鸿贵　主编	价值营销运用到建材家居，每一步都让客户增值	有自己的系统、实战
	建材家居门店销量提升 贾同领　著	店面选址、广告投放、推广助销、空间布局、生动展示、店面运营等	门店销量提升是一个系统工程，非常系统、实战
	10步成为最棒的建材家居门店店长 徐伟泽　著	实际方法易学易用，让员工能够迅速成长，成为独当一面的好店长	只要坚持这样干，一定能成为好店长
	手把手帮建材家居导购业绩倍增：成为顶尖的门店店员 熊亚柱　著	生动的表现形式，让普通人也能成为优秀的导购员，让门店业绩长红	读着有趣，用着简单，一本在手、业绩无忧
	建材家居经销商实战42章经 王庆云　著	告诉经销商：老板怎么当、团队怎么带、生意怎么做	忠言逆耳，看着不舒服就对了，实战总结，用一招半式就值了
工业品	**解决方案营销实战案例** 刘祖轲　著	用10个真案例讲明白什么是工业品的解决方案式营销，实战、实用	有干货、真正操作过的才能写得出来
	变局下的工业品企业7大机遇 叶敦明　著	产业链条的整合机会、盈利模式的复制机会、营销红利的机会、工业服务商转型机会……	工业品企业还可以这样做，思维大突破
	工业品市场部实战全指导 杜　忠　著	工业品市场部经理工作内容全指导	系统、全面、有理论、有方法，帮助工业品市场部经理更快提升专业能力
	工业品营销管理实务 李洪道　著	中国特色工业品营销体系的全面深化、工业品营销管理体系优化升级	工具更实战，案例更鲜活，内容更深化
	工业品企业如何做品牌 张东利　著	为工业品企业提供最全面的品牌建设思路	有策略、有方法、有思路、有工具
	丁兴良讲工业4.0 丁兴良　著	没有枯燥的理论和说教，用朴实直白的语言告诉你工业4.0的全貌	工业4.0是什么？本书告诉你答案
	大客户营销，好策略带动强执行 叶敦明　著	从业务开发、发起攻势、关系培育、职业成长四个方面，详述了大客户营销的精髓	满满的全是干货
	营销取胜靠订单：订单驱动下的工业品营销实践 唐道明　著	其实，所有的企业都在围绕着两个字在开展全部的经营和管理工作，那就是“订单”	开发订单、满足订单、扩大订单。本书全是实操方法，字字珠玑、句句干货，教你获得营销的胜利

续表

金融	**交易心理分析** (美)马克·道格拉斯　著 刘真如　译	作者一语道破赢家的思考方式,并提供了具体的训练方法	不愧是投资心理的第一书,绝对经典
	精品银行管理之道 崔海鹏　何　屹　主编	中小银行转型的实战经验总结	中小银行的教材很多,实战类的书很少,可以看看
	支付战争 Eric M. Jackson　著 徐　彬　王　晓　译	PayPal 创业期营销官,亲身讲述 PayPal 从诞生到壮大到成功出售的整个历史	激烈、有趣的内幕商战故事! 了解美国支付市场的风云巨变
房地产	**产业园区/产业地产规划、招商、运营实战** 阎立忠　著	目前中国第一本系统解读产业园区和产业地产建设运营的实战宝典	从认知、策划、招商到运营全面了解地产策划
	人文商业地产策划 戴欣明　著	城市与商业地产战略定位的关键是不可复制性,要发现独一无二的"味道"	突破千城一面的策划困局

经营类:企业如何赚钱,如何抓机会,如何突破,如何"开源"

	书名．作者	内容/特色	读者价值
抓方向	**让经营回归简单．升级版** 宋新宇　著	化繁为简抓住经营本质:战略、客户、产品、员工、成长	经典,做企业就这几个关键点!
	公司由小到大要过哪些坎 卢　强　著	老板手里的一张"企业成长路线图"	现在我在哪儿,未来还要走哪些路,都清楚了
	企业二次创业成功路线图 夏惊鸣　著	企业曾经抓住机会成功了,但下一步该怎么办?	企业怎样获得第二次成功,心里有个大框架了
	老板经理人双赢之道 陈　明　著	经理人怎养选平台、怎么开局,老板怎样选/育/用/留	老板生闷气,经理人牢骚大,这次知道该怎么办了
	简单思考:AMT 咨询创始人自述 孔祥云　著	著名咨询公司(AMT)的 CEO 创业历程中点点滴滴的经验与思考	每一位咨询人,每一位创业者和管理经营者,都值得一读
	企业文化的逻辑 王祥伍　黄健江　著	为什么企业绩效如此不同,解开绩效背后的文化密码	少有的深刻,有品质,读起来很流畅
	使命驱动企业成长 高可为　著	钱能让一个人今天努力,使命能让一群人长期努力	对于想做事业的人,'使命'是绕不过去的
思维突破	**移动互联新玩法:未来商业的格局和趋势** 史贤龙　著	传统商业、电商、移动互联,三个世界并存,这种新格局的玩法一定要懂	看清热点的本质,把握行业先机,一本书搞定移动互联网
	画出公司的互联网进化路线图:用互联网思维重塑产品、客户和价值 李　蓓　著	18 个问题帮助企业一步步梳理出互联网转型思路	思路清晰、案例丰富,非常有启发性
	重生战略:移动互联网和大数据时代的转型法则 沈　拓　著	在移动互联网和大数据时代,传统企业转型如同生命体打算与再造,称之为"重生战略"	帮助企业认清移动互联网环境下的变化和应对之道
	创造增量市场:传统企业互联网转型之道 刘红明　著	传统企业需要用互联网思维去创造增量,而不是用电子商务去转移传统业务的存量	教你怎么在"互联网+"的海洋中创造实实在在的增量
	7 个转变,让公司 3 年胜出 李　蓓　著	消费者主权时代,企业该怎么办	这就是互联网思维,老板有能这样想,肯定倒不了
	跳出同质思维,从跟随到领先 郭　剑　著	66 个精彩案例剖析,帮助老板突破行业长期思维惯性	做企业竟然有这么多玩法,开眼界
	麻烦就是需求　难题就是商机 卢根鑫　著	如何借助客户的眼睛发现商机	什么是真商机,怎么判断、怎么抓,有借鉴
	互联网+"变"与"不变":本土管理实践与创新论坛集萃·2016 本土管理实践与创新论坛　著	加速本土管理思想的孕育诞生,促进本土管理创新成果更好地服务企业、贡献社会	各个作者本年度最新思想,帮助读者拓宽眼界、突破思维

续表

管理类:效率如何提升,如何实现经营目标,如何"节流"			
	书名．作者	内容/特色	读者价值
通用管理	1. 让管理回归简单．升级版 2. 让经营回归简单．升级版 3. 让用人回归简单 宋新宇　著	宋博士的"简单"三部曲,影响20万读者,非常经典	被读者热情地称作"中小企业的管理圣经"
	边干边学做老板 黄中强　著	创业20多年的老板,有经验、能写、又愿意分享,这样的书很少	处处共鸣,帮助中小企业老板少走弯路
	阿米巴经营的中国模式 李志华　著	让员工从"要我干"到"我要干",价值量化出来	阿米巴在企业如何落地,明白思路了
	阿米巴中国落地实践三部曲之科学划分阿米巴 胡八一　著	重点讲解如何科学划分阿米巴单元,阐述划分的实操要领、思路、方法、技术与工具	最大限度减少"推行风险"和"摸索成本",利于公司成功搭建适合自身的个性化阿米巴经营体系
	欧博心法:好管理靠修行 曾　伟　著	用佛家的智慧,深刻剖析管理问题,见解独到	如果真的有'中国式管理',曾老师是其中标志性人物
流程管理	1. 用流程解放管理者 2. 用流程解放管理者2 张国祥　著	中小企业阅读的流程管理、企业规范化的书	通俗易懂,理论和实践的结合恰到好处
	跟我们学建流程体系 陈立云　著	畅销书《跟我们学做流程管理》系列,更实操,更细致,更深入	更多地分享实践,分享感悟,从实践总结出来的方法论
战略落地	公司大了怎么管:从靠英雄到靠组织 AMT金国华　著	第一次详尽阐释中国快速成长型企业的特点、问题及解决之道	帮助快速成长型企业领导及管理团队理清思路,突破瓶颈
	低效会议怎么改:每年节省一半会议成本的秘密 AMT王玉荣　著	教你如何系统规划公司的各级会议,一本工具书	教会你科学管理会议的办法
	年初订计划,年尾有结果:战略落地七步成诗 AMT郭晓　著	7个步骤教会你怎么让公司制定的战略转变为行动	系统规划,有效指导计划实现
企业案例·老板传记	宗:一位制造业企业家的思考 杨　涛　著	1993年创业,引领企业平稳发展20多年,分享独到的心得体会	难得的一本老板分享经验的书
	简单思考:AMT咨询创始人自述 孔祥云　著	著名咨询公司(AMT)的CEO创业历程中点点滴滴的经验与思考	每一位咨询人,每一位创业者和管理经营者,都值得一读
	六个核桃凭什么:从0过100亿 张学军　著	首部全面揭秘养元六个核桃裂变式成长的巨著	学习优秀企业的成长路径,了解其背后的理论体系
	三四线城市超市如何快速成长:解密甘雨亭 IBMG国际商业管理集团　著	国内外标杆企业的经验+本土实践量化数据+操作步骤、方法	通俗易懂,行业经验丰富,宝贵的行业量化数据,关键思路和步骤
	中国首家未来超市:解密安徽乐城 IBMG国际商业管理集团　著	本书深入挖掘了安徽乐城超市的试验案例,为零售企业未来的发展提供了一条可借鉴之路	通俗易懂,行业经验丰富,宝贵的行业量化数据,关键思路和步骤
	借力咨询:德邦成长背后的秘密 官同良　王祥伍　著	讲述德邦是如何借助咨询公司的力量进行自身 与发展的	来自德邦内部的第一线资料,真实、珍贵,令人受益匪浅
人力资源	回归本源看绩效 孙　波　著	让绩效回顾"改进工具"的本源,真正为企业所用	确实是来源于实践的思考,有共鸣
	曹子祥教你做绩效管理 曹子祥　著	复杂的理论通俗化,专业的知识简单化,企业绩效管理共性问题的解决方案	轻松掌握绩效管理
	把招聘做到极致 远　鸣　著	作为世界500强高级招聘经理,作者数十年招聘经验的总结分享	带来职场思考境界的提升和具体招聘方法的学习
	人才评价中心．超级漫画版 邢　雷　著	专业的主题,漫画的形式,只此一本	没想到一本专业的书,能写成这效果

续表

人力资源	**走出薪酬管理误区** 全怀周　著	剖析薪酬管理的 8 大误区，真正发挥好枢纽作用	值得企业深读的实用教案
	集团化人力资源管理实践 李小勇　著	对搭建集团化的企业很有帮助，务实，实用	最大的亮点不是理论，而是结合实际的深入剖析
	我的人力资源咨询笔记 张　伟　著	管理咨询师的视角，思考企业的 HR 管理	通过咨询师的眼睛对比很多企业，有启发
	本土化人力资源管理 8 大思维 周　剑　著	成熟 HR 理论，在本土中小企业实践中的探索和思考	对企业的现实困境有真切体会，有启发
	HRBP 是这样炼成的之"菜鸟起飞" 新　海　著	以小说的形式，具体解析 HRBP 的职责，应该如何操作，如何为业务服务	实践者的经验分享，内容实务具体，形式有趣
企业文化	**华夏基石方法：企业文化落地本土实践** 王祥伍　谭俊峰　著	十年积累、原创方法、一线资料，和盘托出	在文化落地方面真正有洞察，有实操价值的书
	企业文化的逻辑 王祥伍　著	为什么企业之间如此不同，解开绩效背后的文化密码	少有的深刻，有品质，读起来很流畅
	企业文化激活沟通 宋杼宸　安　琪　著	透过新任 HR 总经理的眼睛，揭示出沟通与企业文化的关系	有实际指导作用的文化落地读本
	在组织中绽放自我：从专业化到职业化 朱仁健　王祥伍　著	个人如何融入组织，组织如何助力个人成长	帮助企业员工快速认同并投入到组织中去，为企业发展贡献力量
	企业文化定位·落地一本通 王明胤　著	把高深枯燥的专业理论创建成一套系统化、实操化、简单化的企业文化缔造方法	对企业文化不了解，不会做？有这一本从概念到实操，就够了
生产管理	**高员工流失率下的精益生产** 余伟辉　著	中国的精益生产必须面对和解决高员工流失率问题	确实来源于本土的工厂车间，很务实
	车间人员管理那些事儿 岑立聪　著	车间人员管理中处理各种"疑难杂症"的经验和方法	基层车间管理者最闹心、头疼的事，'打包'解决
	1. 欧博心法：好管理靠修行 **2. 欧博心法：好工厂这样管** 曾　伟　著	他是本土最大的制造业管理咨询机构创始人，他从 400 多个项目、上万家企业实践中锤炼出的欧博心法	中小制造型企业，一定会有很强的共鸣
	欧博工厂案例 1：生产计划管控对话录 **欧博工厂案例 2：品质技术改善对话录** **欧博工厂案例 3：员工执行力提升对话录** 曾　伟　著	最典型的问题、最详尽的解析，工厂管理 9 大问题 27 个经典案例	没想到说得这么细，超出想象，案例很典型，照搬都可以了
	苦中得乐：管理者的第一堂必修课 曾　伟　编著	曾伟与师傅大愿法师的对话，佛学与管理实践的碰撞，管理禅的修行之道	用佛学最高智慧看透管理
	比日本工厂更高效 1：管理提升无极限 刘承元　著	指出制造型企业管理的六大积弊；颠覆流行的错误认知；掌握精益管理的精髓	每一个企业都有自己不同的问题，管理没有一剑封喉的秘笈，要从现场、现物、现实出发
	比日本工厂更高效 2：超强经营力 刘承元　著	企业要获得持续盈利，就要开源和节流，即实现销售最大化，费用最小化	掌握提升工厂效率的全新方法
	比日本工厂更高效 3：精益改善力的成功实践 刘承元　著	工厂全面改善系统有其独特的目的取向特征，着眼于企业经营体质（持续竞争力）的建设与提升	用持续改善力来飞速提升工厂的效率，高效率能够带来意想不到的高效益
	3A 顾问精益实践 1：IE 与效率提升 党新民　苏迎斌　蓝旭日　著	系统的阐述了 IE 技术的来龙去脉以及操作方法	使员工与企业持续获利

续表

员工素质提升	**跟老板"偷师"学创业** 吴江萍　余晓雷　著	边学边干，边观察边成长，你也可以当老板	不同于其他类型的创业书，让你在工作中积累创业经验，一举成功
	销售轨迹：一位快消品营销总监的拼搏之路 秦国伟　著	本书讲述了一个普通销售员打拼成为跨国企业营销总监的真实奋斗历程	激励人心，给广大销售员以力量和鼓舞
	在组织中绽放自我：从专业化到职业化 朱仁健　王祥伍　著	个人如何融入组织，组织如何助力个人成长	帮助企业员工快速认同并投入到组织中去，为企业发展贡献力量
	企业员工弟子规：用心做小事，成就大事业 贾同领　著	从传统文化《弟子规》中学习企业中为人处事的办法，从自身做起	点滴小事，修养自身，从自身的改善得到事业的提升
	手把手教你做顶尖企业内训师：TTT培训师宝典 熊亚柱　著	从课程研发到现场把控、个人提升都有涉及，易读易懂，内容丰富全面	想要做企业内训师的员工有福了，本书教你如何抓住关键，从入门到精通

营销类：把客户需求融入企业各环节，提供"客户认为"有价值的东西

	书名．作者	内容/特色	读者价值
营销模式	**变局下的营销模式升级** 程绍珊　叶　宁　著	客户驱动模式、技术驱动模式、资源驱动模式	很多行业的营销模式被颠覆，调整的思路有了！
	卖轮子 科克斯【美】	小说版的营销学！营销理念巧妙贯穿其中，贵在既有趣，又有深度	经典、有趣！一个故事读懂营销精髓
	弱势品牌如何做营销 李政权　著	中小企业虽有品牌但没名气，营销照样能做的有声有色	没有丰富的实操经验，写不出这么具体、详实的案例和步骤，很有启发
	老板如何管营销 史贤龙　著	高段位营销16招，好学好用	老板能看，营销人也能看
	动销：产品是如何畅销起来的 吴江萍　余晓雷　著	真真切切告诉你，产品究竟怎么才能卖出去	击中痛点，提供方法，你值得拥有
组织和团队	**升级你的营销组织** 程绍珊　吴越舟　著	用"有机性"的营销组织替代"营销能人"，营销团队变成"铁营盘"	营销队伍最难管，程老师不愧是营销第1操盘手，步骤方法都很成熟
	用数字解放营销人 黄润霖　著	通过量化帮助营销人员提高工作效率	作者很用心，很好的常备工具书
	成为优秀的快消品区域经理 伯建新　著	37个"怎么办"分析区域经理的工作关键点	可以作为区域经理的'速成催化器'
	一位销售经理的工作心得 蒋　军　著	一线营销管理人员想提升业绩却无从下手时，可以看看这本书	一线的真实感悟
	快消品营销：一位销售经理的工作心得2 蒋　军　著	快消品、食品饮料营销的经验之谈，重点突出	来源于实战的精华总结
	销售轨迹：一位快消品营销总监的拼搏之路 秦国伟　著	本书讲述了一个普通销售员打拼成为跨国企业营销总监的真实奋斗历程	激励人心，给广大销售员以力量和鼓舞
	用营销计划锁定胜局：用数字解放营销人2 黄润霖　著	全方位教你怎么做好营销计划，好学好用真简单	照搬套用就行，做营销计划再也不头痛
	快消品营销人的第一本书：从入门到精通 刘　雷　伯建新　著	快消行业必读书，从入门到专业	深入细致，易学易懂
营销案例	**解决方案营销实战案例** 刘祖轲　著	用10个真案例讲明白什么是工业品的解决方案式营销，实战、实用	有干货、真正操作过的才能写得出来
	招招见销量的营销常识 刘文新　著	如何让每一个营销动作都直指销量	适合中小企业，看了就能用

续表

营销案例	**我们的营销真案例** 联纵智达研究院　著	五芳斋粽子从区域到全国/诺贝尔瓷砖门店销量提升/利豪家具出口转内销/汤臣倍健的营销模式	选择的案例都很有代表性，实在、实操！
	中国营销战实录：令人拍案叫绝的营销真案例 联纵智达　著	51 个案例，42 家企业，38 万字，18 年，累计 2000 余人次参与……	最真实的营销案例，全是一线记录，开阔眼界
	双剑破局：沈坤营销策划案例集 沈　坤　著	双剑公司多年来的精选案例解析集，阐述了项目策划中每一个营销策略的诞生过程，策划角度和方法	一线真实案例，与众不同的策划角度令人拍案叫绝、受益匪浅
产品	**产品炼金术Ⅰ：如何打造畅销产品** 史贤龙　著	满足不同阶段、不同体量、不同行业企业对产品的完整需求	必须具备的思维和方法，避免在产品问题上走弯路
	产品炼金术Ⅱ：如何用产品驱动企业成长 史贤龙　著	做好产品、关注产品的品质，就是企业成功的第一步	必须具备的思维和方法，避免在产品问题上走弯路
	新产品开发管理，就用 IPD 郭富才　著	10 年 IPD 研发管理咨询总结，国内首部 IPD 专业著作	一本书掌握 IPD 管理精髓
品牌	**中小企业如何建品牌** 梁小平　著	中小企业建品牌的入门读本，通俗、易懂	对建品牌有了一个整体框架
	采纳方法：破解本土营销 8 大难题 朱玉童　编著	全面、系统、案例丰富、图文并茂	希望在品牌营销方面有所突破的人，应该看看
	中国品牌营销十三战法 朱玉童　编著	采纳 20 年来的品牌策划方法，同时配有大量的案例	众包方式写作，丰富案例给人启发，极具价值
	今后这样做品牌：移动互联时代的品牌营销策略 蒋军　著	与移动互联紧密结合，告诉你老方法还能不能用，新方法怎么用	今后这样做品牌就对了
	中小企业如何打造区域强势品牌 吴之　著	帮助区域的中小企业打造自身品牌，如何在强壮自身的基础上往外拓展	梳理误区，系统思考品牌问题，切实符合中小区域品牌的自身特点进行阐述
渠道通路	**快消品营销与渠道管理** 谭长春　著	将快消品标杆企业渠道管理的经验和方法分享出来	可口可乐、华润的一些具体的渠道管理经验，实战
	传统行业如何用网络拿订单 张　进　著	给老板看的第一本网络营销书	适合不懂网络技术的经营决策者看
	采纳方法：化解渠道冲突 朱玉童　编著	系统剖析渠道冲突，21 个渠道冲突案例、情景式讲解，37 篇讲义	系统、全面
	学话术　卖产品 张小虎　著	分析常见的顾客异议，将优秀的话术模块化	让普通导购员也能成为销售精英
	向高层销售：与决策者有效打交道 贺兵一　著	一套完整有效的销售策略	有工具，有方法，有案例，通俗易懂
	通路精耕操作全解：快消品 20 年实战精华 周　俊　陈小龙　著	通路精耕的详细全解，每一步的具体操作方法和表单全部无保留提供	康师傅二十年的经验和精华，实践证明的最有效方法，教你如何主宰通路

思想・文化

	书名．作者	内容/特色	读者价值
思想・文化	**史幼波中庸讲记（上下册）** 史幼波　著	全面、深入浅出地揭示儒家中庸文化的真谛	儒释道三家思想融汇贯通
	史幼波心经讲记（上下册） 史幼波　著	句句精讲，句句透彻，佛法经典的多角度阐释	通俗易懂，将深刻的教理以浅显的语言讲出来
	史幼波大学讲记 史幼波　著	用儒释道的观点阐释大学的深刻思想	一本书读懂传统文化经典
	史幼波《周子通书》《太极图说》讲记 史幼波　著	把形而上的宇宙、天地，与形而下的社会、人生、经济、文化等融合在一起	将儒家的一整套学修系统融合起来